アメリカ・カナダ大学連合日本研究センター
INTER-UNIVERSITY CENTER FOR JAPANESE LANGUAGE STUDIES

# KANJI IN CONTEXT

## [Revised Edition]

中・上級学習者のための漢字と語彙［改訂新版］

A STUDY SYSTEM FOR INTERMEDIATE AND ADVANCED LEARNERS

# WORKBOOK Vol. 2

the japan times PUBLISHING

Compiled by:      Inter-University Center for Japanese Language Studies

Editor:            Soichi Aoki

Contributors:      Tomotaro Akizawa

                     Soichi Aoki

                     Tamaki Kono

                     Kiyomi Kushida

                     Takashi Matsumoto

                     Makiko Ohashi

                     Hiroko Otake

                     Ari Sato

                     Tsukasa Sato

Previous Edition Editors and Contributors:

                     Koichi Nishiguchi

                     Tamaki Kono

Translation and Proofreading:

                     James C. Baxter

First edition: December 2013
4th printing: March 2021

Layout design and typesetting: Asahi Media International
Cover design: Keiji Terai
Printing: Nikkei Printing Inc.

Published by The Japan Times Publishing, Ltd.
2F Ichibancho Daini TG Bldg.,
2-2 Ichibancho, Chiyoda-ku, Tokyo 102-0082, Japan
Phone: 050-3646-9500
Website: https://jtpublishing.co.jp/

ISBN978-4-7890-1531-8

Printed in Japan

# 目 次

(Contents)

Note:
本文中、▲のついている漢字は、常用漢字外の字であることを示す。
*Kanji* marked with ▲ are not *Jōyō Kanji*.

# この教材の内容と使い方

## I．本教材の概要

*Kanji in Context—A Study System for Intermediate and Advanced Learners* は、初級のコースを終了した人および中・上級レベルで学習中の人が、それまでに身につけた漢字や語彙の基礎の上に、さらに多くの漢字と語彙を体系的かつ効率的に学び、最終的に常用漢字（2,136字）すべてを理解できるようにするための教材です。本教材は、**本冊**と**ワークブック**の2種類の教材からなっています。

本教材はいくつかの際立った特長を持っています。

### □ 中・上級の学習者に対象を絞り、目標を明確にした教材

本教材は、中・上級の学習者に対象を絞り、学習者が常用漢字すべてを理解できるようになるよう段階的に学習が進められる教材として作成されました。

中・上級に特化した教材のため、初級段階で必要となる基本漢字の字形の学習や日常語彙についてはあまり重視されていません。一方、初級段階で学習する漢字であっても、その読みや語例については、中・上級レベルのものを積極的に導入しています。

また、漠然と習得漢字を増やしていくのではなく、常用漢字すべての理解という到達目標を明確にし、その目標達成のための手順を具体的に提示しています。常用漢字というのは、文部科学省により制定された漢字表で、公文書、新聞、雑誌、書籍など現代日本語を書き表す時の基準とされているものです。日本語母語話者のための学校教育においても、常用漢字の習得が目標とされていることから分かるとおり、日本語母語話者と同等の漢字力と言えます。常用漢字がすべて理解できれば、日本語で書かれた文章に現れる漢字のほぼすべてについて、その読みや意味が推測できるということになります。本教材では、中・上級日本語学習者の漢字学習の最終的な達成目標として相応しいと考えられる「常用漢字すべてのマスター」を設定し、この目標を達成するためのプログラムを具体的に示すこととしました。

### □ 漢字を体系的に学ぶことができる

中級以上の段階では、学習者に要求される漢字と語彙が飛躍的に増加します。それを効率よく習得するためには、一つ一つバラバラに覚えるのではなく、漢字や漢字語彙の背後にある体系にも目を向けながら学習する必要があります。

一般に漢字には、形・音・意味の3つの体系があると言われています。形の体系というのは漢字の字形構成の一般規則のこと、音の体系というのは字形構成素に基づく漢字の読みの共通性や類似

性、そして、意味の体系というのは同じく字形構成素に基づく漢字の意味の成り立ちの体系のことです。

　漢字はこれら3つの要素が有機的に絡み合ったものです。このような漢字の体系に関する知識を適切に習得すれば、新しい漢字や語彙の習得を飛躍的に促進すると同時に、知らない漢字や語彙が出てきた時にその意味や読み方を類推できる力がつきます。

　漢字の使用頻度等に基づいて漢字学習をしていくと、それぞれの漢字を別々に学習することになります。そのため、漢字間のつながりが無視され、漢字体系の理解が難しくなります。本教材の**本冊**では、このような漢字の形・音・意味の体系に関する情報が自然に身につくよう、漢字の提出順が工夫されています。

## □　漢字の学習だけでなく、漢字語彙の習熟も大きな目標とする

　中・上級の学習者にとっては、新しい漢字の習得もさることながら、漢字語彙を増やし、その正しい用法を身につけることも非常に重要です。しかし、もっぱら個々の漢字が学習の中心で、語彙についてはいくつかの例を示すだけであったり、学習者にはあまり重要でない語が提示されていたりして、語の習得には適さない教材も見られます。

　本教材では、漢字の学習だけでなく、語彙の学習ももう一つの教育目標として明確に定めました。そのために、**本冊**では、日本語学習者に重要と思われる語彙を学習段階を加味しながら選び、提示しました。また、**本冊**で覚えた語彙は、**ワークブック**で関連語や例文を見ながら、コンテクストの中での使い方が学べるようになっています。

## □　段階的に学習することができる

　これまでの漢字教材では多くの場合、一つの事項は一度だけ提示され、その時に必ず覚えるというアプローチをとってきました。しかし、漢字にしろ漢字語彙にしろ、一度の学習で100％確実に習得できるとは考えられません。

　本教材では、ある段階で漢字を学習している時には、それ以前に学習した項目を積極的に提出することで記憶の定着を図り、同時に未習の項目はできる限り提出せず、提出が必要な場合でも学習者に負担ができるだけかからないように工夫されています。例えば、**ワークブック**におけるふりがなは、その段階で未習の語についてのみ、ふるようにしています。また、未習漢字を含む語については、原則として**ワークブック**の問題とならないようにしています。

　また、基本的な語に限って一通り常用漢字全体の理解をし、次の段階でこれら基本語の復習をしながらさらに語彙を増やしていく等、段階を踏んで教材全体の学習を進めていくことができるようになっています。

　次に、**本冊**と**ワークブック**について、各々具体的な内容について説明します。なお、詳しい説明を必要としない学習者は、IV の「本教材の使い方」を読んで学習を始めてください。

# Ⅱ．本冊の概要

## 1．本冊の主な内容

本冊では、主として次のような情報が提示されています。

　　1）常用漢字 2,136 字の漢字（以下、この 2,136 字を本教材の「学習漢字」と呼びます。）
　　2）学習漢字の読み
　　3）学習漢字の画数と書き順
　　4）学習漢字の語例とその読み方および英語訳

## 2．学習漢字の選定

　1981 年に文部省は、現代日本語を書き表す場合の漢字使用の目安として 1,945 字の常用漢字表を発表しました。この常用漢字表は広く社会に受け入れられ、公文書、新聞、雑誌、書籍など現代日本語を書き表す時の基準となりました。

　発表後およそ 30 年が経過し、その間の日本語の変化に合わせ、2010 年に大幅に改訂がなされました。それまでの 1,945 字に新たに 196 字を加え、5 字削除を行い、新たな音訓等を追加・変更・削除した改定常用漢字表です。今後は、この新しい常用漢字表が、日本社会における漢字使用の基準となっていくでしょう。

　この常用漢字表は非常に重要なものです。例えば、新聞で用いられる漢字は、新聞社が決めた新聞常用漢字表に従って決められますが、本教材で扱う常用漢字 2,136 字は、この新聞常用漢字表の漢字のほぼすべてを含んでいます。ですから、本教材で常用漢字すべてをマスターすれば、新聞で使われる漢字のほぼ 100％が既知の漢字になるのです。新聞記事のどこを見ても、そこで使われているすべての漢字の読みや意味が分かるという状態を想像してみてください。もちろん、知らない語は出てくるかもしれません。しかし、その語の読みと意味は必ず推測できるので、記事全体の理解に大いに役立つでしょう。

　また、この新しい常用漢字は、旧日本語能力試験 1 級で必要とされる漢字をすべて含むので、N1 合格のための学習にも最適だと言えます。

　以上から、本教材では、この改定常用漢字表のすべて、2,136 字を学習漢字としています。

## 3．学習漢字の水準づけ

　本教材では、2,136 字の学習漢字を、日本語の学習段階に対応して 7 つの水準に分けました。その概要は以下の表の通りです。

| 水　準 | 学習漢字数 | 解　　説 |
|---|---|---|
| 第1水準 | 250字 | 初級の日本語コースを終了した学習者であれば必ず学習した経験があると考えられる基礎的な漢字。 |
| 第2水準 | 100字<br>（累計350字） | 中級の日本語コースで学習している学習者であれば必ず学習した経験があると考えられる漢字。 |
| 第3水準 | 850字<br>（累計1,200字） | 中級の日本語コースで一般的に学習されると考えられる漢字。 |
| 第4水準 | 220字<br>（累計1,420字） | 中級の日本語コースでしばしば現れるが一般的とは考えられない漢字、あるいは、上級の日本語コースで一般的に学習されると考えられる漢字。 |
| 第5水準 | 412字<br>（累計1,832字） | 上級の日本語コースでしばしば現れるが一般的とは考えられない漢字。 |
| 第6水準 | 110字<br>（累計1,942字） | 特別な領域や分野の特殊な語彙の中でしか使われない漢字。 |
| 第7水準 | 194字<br>（合計2,136字） | 改定常用漢字表で新たに加えられた漢字。（「誰」と「略」については第1、第4水準で学習済み。） |

　国立国語研究所が行った調査によると、最も使用頻度の高い500字だけで新聞で使われる漢字の約80％をカバーすることができ、1,000字知っていれば新聞漢字の94％をカバーできるということです。この調査の1,000字と本教材の第3水準までの漢字が正確に一致するわけではありませんが、本教材の第3水準（1,200字）まで勉強すれば、新聞に出てくる漢字の95％程度がすでに知っている漢字になると予想できます。

　ちなみに、この第3水準までを学習すれば、旧日本語能力試験2級までの漢字の90％以上をカバーし、第4水準まで学習すれば97％以上となります。N2合格のためには、第3〜4水準までの学習で十分だと言えるでしょう。

　本教材の到達目標はあくまで常用漢字すべてのマスターにありますが、そこに至る学習は、以上の理由で、第1水準から学習を始め、より頻度の少ない漢字へと学習を進めていくのが効果的だと考えます。また、第3水準までマスターすれば、多くの場合、読み物の大意を理解しながら読み進めることも十分可能になっていますので、第4水準以降の学習と並行して、様々な読み物を多く読む練習も効果的でしょう。

## ４．学習漢字の配列

　3のように7つの水準に分けた学習漢字は、漢字の重要度や難易度を基本に、字形や意味のつながり、語彙のつながりなど、様々な面に配慮して、水準ごとに方針を立てて配列しました。

第1水準と第2水準では、各学習漢字の語例のうち、一番初めに示した語の意味のつながりを中心に配列しました。

第3水準と第4水準では、以下のような点を総合的に考慮して学習漢字を配列しました。

---

＜基本的な方針＞
・基本語例が学習者にとってなじみがあり、使用頻度も高いと思われる学習漢字から順に提示する。

＜副次的な方針＞
・重要な熟語を構成する漢字は隣接して提示する。
・共通の字形要素を持ち、字形がある程度類似している漢字は隣接して提示する。
・共通の字形要素を持つわけではないが、字形が類似していて紛らわしい漢字は隣接して提示する。
・基本語例が一定の語彙グループを形成している場合、そのような漢字はまとめて提示する。

---

第5水準では、もっぱら字形要素の共通性に基づいて学習漢字を配列し、第6水準では、各々のグループごとに字形要素の共通性と学習漢字の語例の語彙体系を考慮して学習漢字を配列しました。最後の第7水準では、新たに常用漢字表に加えられた漢字について、その語例の語彙体系を基に配列されています。

このような結果が巻末の「学習漢字一覧表」(p. 304) です。本書の学習漢字はこの表の配列順で提示されています。

## 5．語例の選定と配列

語例には、漢字語彙能力の核となり、かつ成人学習者の興味と関心に対応した重要な語彙を精選しました。提示語彙数は約9,500語となっています。

各学習漢字の語例のうち、赤字で示した語例は、その学習漢字の読みをマスターする上で必要不可欠であり、かつ基本的と考えられる基本語例です。この基本語例だけを学習していくことでも、全常用漢字の重要な読みのほとんどがマスターできるように構成されています。それ以外の語例は、漢字の意味や語構成の共通性、読みの共通性と類似性、語例の難易度などを考慮して配列しました。なお、重要と思われる語は、未習の漢字や本書の学習漢字以外の字を含むものでも提示しました（ただし、その場合には＊や▲などの印をつけました——本冊「6．凡例」を参照）。

# Ⅲ．ワークブックの概要

## 1．ワークブックの主な内容

ワークブックでは、毎回、本冊に示された学習漢字を順番に 10 ～ 15 字ずつ（第 1・第 2 水準では約 10 ～ 30 字ずつ）取り上げ、語例の使い方に習熟し、漢字語彙を拡充するために役に立つと思われる学習材料を様々な形で提示しています。各回は大きく 3 つのセクションから成り立っています。各セクションの内容は以下の通りです。

Ⅰ．学習漢字の語例を含む複合熟語、慣用的な表現、文の構成など
Ⅱ．学習漢字の語例の関連及び関連語、表現の対比など
Ⅲ．学習漢字の語例を使った実際的な例文

では、それぞれについて例をあげながら説明します。例の中の下線は本冊で提示された語例であることを示しています。

## Ⅰ．学習漢字の語例を含む複合熟語、慣用的な表現、文の構成など

このセクションでは、提示されている表現を勉強し、語の基本的な使い方を学習します。

1）学習漢字の語例を含む複合熟語

例）和平交渉　　団体旅行　　支持率　　技術移転

2）漢字の語例を含む広い意味での慣用的な表現

例）平和を守る　　公平な態度　　家具付きの家　　質問に対する答え

3）学習漢字の語例を使った文の構成

例）男も女も同等の扱いをする　　議論が平行線をたどる
　　上体を大きく後ろに反らす　　手紙を封筒に入れて送る

## Ⅱ．学習漢字の語例の関連及び関連語、表現の対比など

このセクションでは、提示されている表現を勉強し、他の語彙との意味の関連を学習します。

1）学習漢字の語例の関連及び関連語

例）戦争　　平和
　　管理職　　平社員
　　足し算　　引き算　　掛け算　　割り算
　　電車／バス の切符　　映画／コンサート のチケット

2）表現の対比

例）収入　⟷　支出　（⟷ は、反意語であることを示す）
　　意見／提案 に反対する　⟷　意見／提案 に賛成する
　　ビールを冷やす　―　ビールが冷える（― は、自動詞／他動詞関係であることを示す）

### Ⅲ．学習漢字の語例を使った実際的な例文

　このセクションでは、例文をよく読んで、下線で示した語の文中での使い方を学習します。

　例文は、成人学習者が興味を持って学習を進めることができ、かつ、学習漢字の語例の用法を学習するのに最も適当と思われるものを提示しました。下線の語の読み方は別冊にまとめて示してあります。


## 2．ワークブックで扱う語例

　ワークブックでは、本冊で提示された語彙のうち、すべての赤字の語（基本語）と、無印の語、および◇の語を扱っています（→「Ⅱ-6.凡例」を参照）。また、基本語は太字で示し、基本語を含む文は、その項目番号を黒丸としています。基本語だけを先に学習する時は、ワークブックの黒丸の項目を選んで行ってください。

　なお、未習漢字を含む語（＊印のついている語）については、原則としてワークブックの下線語としては取り上げていません。ただし、わずかですが、基本的な読みを含むという理由で、未習漢字を含むにもかかわらず基本語となっている語があります。これらについては、基本語としてワークブックで学習します。

　歴特の語については、特殊で使用頻度が低いと思われるため、読みが重要だとして基本語になっているごく一部の例外を除き、ワークブックでは扱っていません。


## 3．ワークブックと学習水準

　ワークブックの Vol. 1 では、本冊の第1水準から第3水準まで（1-1200）の漢字の語彙が、また Vol. 2 には第4水準から第7水準まで（1201-2136）の語彙が、それぞれ提示されています。

# Ⅳ．本教材の使い方

## 1．対象レベル

　本教材の目標は、常用漢字すべてのマスターにありますので、常用漢字未習得の学習者であれば誰でも、本教材を使って学習を進めることができます。

　しかし、基本的な漢字さえも知らなければ、漢字の字形一つを覚えるのにも大変な労力がかかります。短期間で 2,000 を超える漢字を習得するには、すでに持っている漢字知識を有効に活用していくことが必要不可欠です。基本的漢字を身につけていれば、新しい漢字を基本漢字の組み合わせとして、あるいは類似した字形の漢字として、そして同一の音や類似した意味の漢字として、効率的に学ぶことができるのです。

　この意味で、本教材を使って効果的に学習するためには、最低限、通常の初級コースで学ぶ漢字約 300 〜 500 字程度を習得していることが必要です。具体的に言えば、本教材の学習漢字のうち、第 1・第 2 水準（1-350）の学習漢字の大部分が理解できる程度の漢字力は必要となります。このレベル以上の学習者であれば、本教材の本冊とワークブックを並行して使用して、効率よく体系的に漢字と語彙を学べるでしょう。

　現在まだ初級段階で勉強している人は、本教材の本冊を使って、教科書で勉強した漢字の知識を整理し、熟語等の語彙を増やすことができます。その場合、ワークブックはある程度漢字と語彙の知識が増えた段階で使い始めればいいでしょう。

## 2．どこから学習を始めるか

　大まかに言うと、本教材の第 1 水準と第 2 水準は初級段階、第 3 水準は中級段階、第 4・第 5 水準は上級段階、第 6・第 7 水準は超上級段階となります。学習者は自分の知識・能力や勉強のしかたの好みによってどこから勉強を始めてもかまいませんが、本教材は、常用漢字すべてをマスターするための教材として構成されていますので、第 1 水準の初めから順に最後まで勉強することを薦めます。第 1・第 2 水準では、学習漢字の大部分はすでに知っていることと思いますが、そこでも初級の語彙にとどまらず、中・上級学習者に必要な語彙を積極的に提示してあります。そのため、第 1 水準から学習することは、中・上級学習者にとっても、語彙の拡充に十分、役立つでしょう。

## 3．本教材を使った漢字と漢字語彙の学習

　本教材を十分に活用していただくために、ここでは本教材の特長を生かした基本的な学習方法について解説します。

　本教材は、これまで漢字学習をしてきて、すでにある程度の漢字を習得している学習者を対象とし、このような学習者が常用漢字すべてを理解できるようになるための教材として作成されています。この目的のため、以下の三つの段階に分け、それぞれ 4 つのステップを踏んで学習を続けるようになっています。

───── 〈学習者はワークブックを使って、以下のような要領で勉強を進めてください。〉─────

**第一段階：基本語の学習（常用漢字の読みの習得）**

**ステップ1　学習漢字の基本的知識の形成**

　本冊で学習漢字の字形、基本語（赤字）の意味と読み、及びそれを構成している漢字を確実に覚えてください。この知識が各学習漢字の知識の基本になります。

**ステップ2　学習漢字の意味と用法の理解**

　本冊で基本語以外の語例を勉強し、学習漢字の意味と用法を確認してください。なお、まず基本語（赤字）だけに絞って学習を進める場合は、覚える必要はありません。

**ステップ3　語例の使い方と関連語の学習**

　学習した漢字の語例の使い方や関連語をワークブックで勉強してください。基本語（赤字）だけに絞って学習をする場合は、ワークブックの項目番号が黒丸で表示されているものだけをしてください。太字で示されている語が基本語ですので、その意味と読みと使い方を確実に覚えてください。万が一分からない場合は、もう一度本冊に戻って勉強してください。

**ステップ4　習得の確認**

　基本語について、確実に習得しているかを確認してください。日本語の先生や友達に簡単なクイズを作ってもらう、フラッシュカードを作る等もいい練習になります。また、ワークブックに出ている文を自分で作れるかを試してみるのも役立ちます。

　以上、ステップ1〜4の仕方で学習を続け、基本の学習を第156回まで修了します。基本語はおよそ3,700語あります。これらすべてをマスターすることで、新聞や雑誌など、日常目にする日本語の読み物に現れる漢字のほとんどについて、その意味や読みが推測できるようになるでしょう。

**第二段階：無印語の学習（常用漢字の読みの復習と語彙の拡充）**

　第二段階では、習得した常用漢字すべてについて、語彙を増強していきます。第1回に戻り、基本語の復習と共に、◇や歴特以外の語（無印の語）について、基本語についてと同様の仕方で学習をしていきます。基本語学習ですでにすべての常用漢字は既習になっていますので、未習漢字を含む語例（＊を含むもの）についても学習をしてください。なお、無印の語については、そのすべてがワークブックで扱われているわけではなく、重要な語、使い方が難しい語に絞っていますので注意してください。基本語の学習時よりも覚えるべき語数は多くなりますが、基本語の学習で常用漢字の字形や読みをすでに習得しているので、基本語の学習時よりも学習は速く進むでしょう。この方法で第156回まで修了します。

**第三段階：◇や歴特の語の学習（常用漢字の読みすべての習得と語彙の拡充）**

　最後に、残った◇や歴特の語について、また第1回に戻って学習していきます。これらの語は、一般的には重要性が低い語と考えられる語で、ワークブックでも扱われていません（◇の語については、一部ワークブックでも扱っています）。本冊で確認をし、必要に応じて学習を進めればいいでしょう。ただし、常用漢字の読みを100％すべて完璧にできるようにしたい場合は、これらの語も含め、すべて読めるようにすることが必要となります。

# Introduction

## I. Overview of Text

*Kanji in Context—A Study System for Intermediate and Advanced Learners* has been designed to allow learners who have completed a beginning course or are currently studying at the intermediate or advanced level to systematically and efficiently build on the foundation of *kanji* and vocabulary that they have previously acquired, so that upon completion they will have an understanding all of the 2,136 *kanji* designated for common use by the Japanese Ministry of Education. This text is divided into two parts, a main book and a 2-volume workbook.

*Kanji in Context* has several distinctive features:

### ☐ The text is specifically designed for intermediate and advanced learners, with clearly stated objectives

*Kanji in Context* was written with the needs of intermediate and advanced learners of Japanese in mind, and the content is presented in a manner that facilitates progress in stages, enabling learners to understand all the everyday use *kanji*.

As a text specifically for intermediate and advanced students, *Kanji in Context* does not place the emphasis on learning the basic forms of *kanji*, as is necessary at the elementary stage of Japanese language study. Rather, it takes a proactive approach to introduction of intermediate- and advanced-level language, focusing on readings of *kanji* and examples of their usage, even when presenting characters that should have been learned at the elementary level.

Further, instead of proceeding by simply adding more and more characters to be learned, we make clear in this text that the ultimate objective is to understand all of the everyday use *kanji*, and we present specific sequential steps for the attainment of that goal. The term "everyday use *kanji*" refers to the table of characters that was established by the Ministry of Education, Culture, Sports, Science, and Technology, as revised in 2010; these are the characters that are considered standard for writing the Japanese language that is used today in official documents, newspapers, magazines, books, and other media that employ writing. Mastering these everyday use *kanji* is the goal of the education provided in schools for native speakers of Japanese, as well, and it can be said that achieving mastery is acquiring a power equivalent to that possessed by educated native speakers. If one has an understanding of all the everyday use *kanji*, one becomes able to infer the readings and the meanings of nearly all of the *kanji* that appear in Japanese writing. In *Kanji in Context*, we have set mastery of all the everyday use *kanji* as the final goal—a goal we believe is appropriate for intermediate- and advanced-level students—and we lay out a concrete program for achievement of that goal.

### ☐ *Kanji* can be learned in a systematic fashion

At the intermediate level and above, the number of *kanji* needed by learners rises sharply. In order to effectively meet this growing need, it is not adequate to learn each new character randomly; rather, it is also necessary to study the systematic connections that lie behind *kanji* and *kanji*-

based vocabulary. In general, there are three basic elements to *kanji*: form, sound, and meaning. Form refers to the principles behind the structure of *kanji* (the components and their positions within a character); sound to the shared connections and similarities in the readings of particular *kanji*, as based on their components; and meaning to the underlying system of meaning in *kanji*, as based on their components.

These three elements are organically intertwined within the *kanji*, and a proper knowledge of them will not only bring a dramatic increase in the speed at which new *kanji* and vocabulary are digested, but will also foster the ability to infer the meaning and reading of previously unencountered *kanji* vocabulary.

If one learns *kanji* simply by studying them one by one in the order of frequency with which they are used, it becomes an exercise in learning individual characters. Connections between *kanji* are ignored, and it is difficult to understand that *kanji* belong to a system. In this main volume of *Kanji in Context*, the order of presentation of characters has been arranged to facilitate learners' natural acquisition of information about the system of form, sound, and meaning of those characters.

## ☐ Focus of study is not on *kanji* only, but also on *kanji*-based vocabulary

In addition to the acquisition of new *kanji*, it is also important for intermediate and advanced learners to learn new vocabulary words that incorporate those *kanji* and the correct usage of those words. However, traditional *kanji* textbooks have focused excessively on the study of characters one by one, providing only a sprinkling of vocabulary words, which, more often than not, have little practical use for learners.

In contrast, this text goes beyond mere study of *kanji* to include the acquisition of vocabulary as one of its objectives. Thus the main book contains an abundant collection of essential vocabulary words, all of which have been selected with the different stages of learning in mind. Moreover, the usage of the vocabulary in the main book can be learned in context through the example sentences and related words in both volumes of the workbook.

## ☐ *Kanji* can be easily acquired by repeated exposure

In the majority of *kanji* textbooks, each *kanji* or word is presented only once, an approach based on the assumption that it will be fully mastered at the time it appears. However, a single presentation does not guarantee that the character or word will be effectively acquired by the learner. For this reason, the same target vocabulary and related words are repeatedly presented in *Kanji in Context*, and the frequent contact with a particular *kanji* or word reinforces its acquisition. At the same time, to the extent we could, we have limited the presentation of items that have not been previously studied, and in instances when it has been necessary to present such items, we have made an effort to keep the burden on the learner as light as possible. For example, in the workbook, we have added *furigana* to words and *kanji* that have not previously been studied. Also, in the exercises in the workbook, we have as a rule not included words that incorporate previously unstudied *kanji*.

Gaining an understanding of basic words and the system of everyday use *kanji*, and then at the next stage expanding vocabulary while reviewing the basic words, students will be able to make orderly progress through these textbooks, with each stage building upon the previous stage.

Now follows a description of the contents of the main book and the workbook. Learners who do not need to go over these details should at least read "IV. How to Use *Kanji in Context*" before commencing their study.

# II. Overview of Main Book

## 1. Main Contents

The main book presents the following information:

1) 2,136 *kanji*: all 2,136 *Jōyō Kanji*
2) The readings of the *kanji*
3) The number of strokes and stroke order in the *kanji*
4) Vocabulary using the *kanji* and the corresponding *kana* readings and English equivalents

## 2. Selection of the *Kanji* in This Text

In 1981 the Japanese Ministry of Education published the *Jōyō Kanji Hyō*, a list standardizing the use of *kanji* in modern written Japanese. 1,945 characters were selected, and their *on* and *kun* readings (Chinese-derived and Japanese readings) were delimited. The authority of this list deeply permeated Japanese society to the point where it came to serve as the standard for modern *kanji* usage in official documents, newspapers, magazines, books, and the like.

Nearly three decades after publication of the *Jōyō Kanji Hyō*, in 2010, a wide-ranging revision was completed, taking into account changes that had occurred in the Japanese language. To the original list of 1,945 characters, 196 more characters were added, and 5 characters were deleted. Some new *on* and *kun* readings were authorized, some others changed, and some others eliminated. It is highly likely that the resulting new *Kaitei Jōyō Kanji Hyō* will become the standard for *kanji* usage in Japanese society from now on.

The revised Ministry of Education *Jōyō Kanji* list is extremely important, and in this text, we treat all 2,136 characters on the list. Although newspaper publishers and others have the right to establish their own lists of *kanji* that they will regularly use, in practice virtually all of the characters on their lists are included among these 2,136. Thus a student who masters the material presented in *Kanji in Context* will be familiar with nearly 100% of the *kanji* that are used in newspapers. If you are just beginning to use this book, please imagine being able to understand the readings and the meanings of practically all the *kanji* that appear in any article in a newspaper. To be sure, there may be some words that you are not familiar with. But if you have gained command of the material in this textbook, you will be able to infer the correct readings and meanings in almost all cases, and that will be enormously helpful in comprehending the meaning of the whole article.

It is also worth noting that all of the *kanji* that appeared in the Level 1 examination of the old Japanese Language Proficiency Test are included in the new table of characters for everyday use. Mastering *Kanji in Context* is one of the very best ways of preparing to pass the current N1-level proficiency test.

# 3. *Kanji* Levels

The 2,136 *kanji* appearing in the main book have been divided into seven levels corresponding to the following stages of learning:

| Level | No. of *Kanji* | Stage |
|:---:|:---:|:---|
| 1 | 250 | These are elementary *kanji* that a learner who has completed a beginning course is expected to have already studied. |
| 2 | 100 (subtotal: 350) | These are *kanji* that an intermediate learner is expected to have already studied. |
| 3 | 850 (subtotal: 1,200) | These are *kanji* that are generally taught in an intermediate course. |
| 4 | 220 (subtotal: 1,420) | These are *kanji* that may be covered in certain intermediate courses but are not necessarily common to such courses, or *kanji* that are generally taught in advanced courses. |
| 5 | 412 (subtotal: 1,832) | These are *kanji* that may be covered in certain advanced courses but are not necessarily common to such courses. |
| 6 | 110 (subtotal: 1,942) | These are special *kanji* which appear only in the vocabulary or terminology of particular fields. |
| 7 | 194 (total: 2,136) | These are *kanji* that were added to the list of *Jōyō Kanji* when the Ministry of Education revised the list in 2010. Note, however, that in *Kanji in Context* the character 誰 is presented in Level 1, and the character 略 is presented in Level 4. |

According to a study by the National Language Research Institute, the 500 most often used *kanji* represent roughly 80% of the *kanji* found in newspapers, and 94% of newspaper *kanji* can be covered by 1,000 characters. We should note that a few of the 1,000 characters on the National Language Research Institute list are not presented in Levels 1-3 of this textbook, but if you have learned the 1,200 characters in Levels 1-3, you will have knowledge of around 95% of the *kanji* that are used in newspapers today.

We can also point out that if you have mastered the *kanji* in our Levels 1-3, you will have covered over 90% of the characters that appeared on the old Level 2 (2-*kyū*) Japanese Language Proficiency Test (JLPT), and if you also master Level 4 *kanji*, you will have knowledge of over 97% of the characters tested on the old Level 2 JLPT examination. It is probable that mastery of Levels 3 and 4 of this textbook will prepare you to pass the N2 level of the current JLPT.

Above all else, the objective of *Kanji in Context* is to enable students to master all of the everyday use *kanji*, and the most effective way to reach that objective is to start with Level 1 and then progress steadily to study characters that occur with less frequency. In fact, mastery through Level 3 should enable you to grasp the meaning of most of the writing you will encounter. As you study

Level 4 and higher levels and as you are exposed to a variety of written materials, the speed at which your facility grows will increase.

## 4. Arrangement of Entries

Not only have the *kanji* in this text been divided into seven levels, but they have also been arranged in order within each level based on consideration of a variety of factors, particularly importance and difficulty, as well as connections in form, meaning, and related vocabulary. In addition, various strategies of arrangement have been applied to the levels as explained below.

**Levels 1 & 2:** The entries have been arranged mainly around the connections in meaning between each entry's first vocabulary word (the "key word"—see "5. Selection and Arrangement of Vocabulary" below).

**Levels 3 & 4:** The entries have been arranged comprehensively according the following strategies.
    *Main strategy:* The entries are arranged in order of familiarity and frequency of use of each entry's key word.
    *Secondary strategies:*
       · *Kanji* that go together to make up important compounds are placed together.
       · *Kanji* that share common components and are similar in form are placed together.
       · *Kanji* that do not share common components but are similar enough in form that they might be confused are placed together.
       · *Kanji* whose key words make up a distinct group are placed together.

**Level 5:** The entries are arranged mainly according to similarities in form.

**Level 6:** The entries are arranged mainly according to similarities in form and vocabulary.

**Level 7:** *Kanji* that were added in the *Jōyō Kanji* list revision of 2010 are arranged mainly according to similarities in form and vocabulary.

The overall arrangement produced by the above strategies can be seen by perusing the condensed listing of the entries at the end of the text (p. 304).

## 5. Selection and Arrangement of Vocabulary

The vocabulary words in this text represent the core of *kanji*-based vocabulary, and were carefully selected as the words most essential to meet the needs and interests of adult learners. There are approximately 9,500 words.

Words printed in red are regarded as key vocabulary words, and students must master their readings. As you learn these key vocabulary words, you will gain the ability to master the vast majority of important readings of all the *Jōyō Kanji*. The vocabulary words that follow the key words are arranged according to various factors, including similarities in the meaning of the *kanji* as used in the vocabulary words, similarities in structure, similarities in reading, and degree of difficulty. Among the vocabulary words, there are some compounds that contain *kanji* that have not previously been covered in the text and there are a few *kanji* that are not covered at all in the text, but are considered important enough to warrant their inclusion in the vocabulary listing. Such vocabulary words have been marked with special symbols, such as ∗ or ▲ (see 6 in the main book).

# III. Overview of Workbook

## 1. Main Contents

Each lesson of both volumes of the workbook focuses on approximately 10 to 15 *kanji* (approximately 10 to 30 *kanji* for Levels 1 and 2) from the main book in the order that they appear, and each lesson provides a variety of approaches to help you master the usage of the target vocabulary and expand your overall understanding of *kanji*-based vocabulary. Each lesson is divided into three major sections as listed below:

Section I:     Double compounds, idiomatic expressions, and sentence patterns that use the vocabulary.

Section II:    Related vocabulary, other related words, contrasting expressions.

Section III:   Example sentences using the vocabulary.

Now follow some examples of the material presented in each of the above sections. Underlined words are the vocabulary words from the main book.

### Section I: Double compounds, idiomatic expressions, and sentence patterns that use the vocabulary

In this section, the basic usage of the vocabulary words is learned by studying expressions containing them.

1) Double compounds containing the vocabulary:
   e.g. 和平交渉　団体旅行　支持率　技術移転

2) Broad idiomatic expressions using the vocabulary:
   e.g. 平和を守る　公平な態度　家具付きの家　質問に対する答え

3) Sentence patterns using the vocabulary:
   e.g. 男も女も同等の扱いをする　議論が平行線をたどる
   上体を大きく後ろに反らす　手紙を封筒に入れて送る

### Section II: Related vocabulary, other related words, contrasting expressions

In this section, the connections in meaning between the vocabulary and related words are studied.

1) Related target vocabulary and other related words:
   e.g. 戦争　平和
   管理職　平社員
   足し算　引き算　掛け算　割り算
   電車 / バス の切符　映画 / コンサート のチケット

2) Contrasting expressions:
   e.g. 収入 ⟷ 支出 （⟷ denotes antonyms）
   意見 / 提案 に反対する ⟷ 意見 / 提案 に賛成する
   ビールを冷やす ― ビールが冷える （― denotes intransitive/transitive verbs）

### Section III: Example sentences using the vocabulary

In this section, the usage of the vocabulary is learned in the context of example sentences. The example sentences have been chosen so as to be of interest to adult learners, and they are appropriate examples for learning proper usage of the vocabulary. The readings of the underlined vocabulary words are given in the supplemental volume to the the workbook, where these underlined words are all collected together.

## 2. Vocabulary Covered in Workbook

In the workbook volumes, only vocabulary words that are printed in red (key vocabulary words) in the main book and words that are marked by no symbol or by the symbol ◇ in the main book are treated (see II. 6 "Explanation of Entries.") Key vocabulary words are printed in bold type in the workbook, and we have given item numbers to sentences containing key vocabulary words and printed the numbers in white within black circles. When you are first learning these key vocabulary words, please give priority to these items in the workbook that are encircled in black.

As a general rule, words that contain *kanji* that have not been previously studied (words marked with an asterisk ( ✱ )) are treated in the same way as underlined words and are not tested in workbook quizzes. However, although the number of such cases is small, there are some words that we have allowed despite the fact that they include previously unstudied *kanji*; the reason for this is that these words contain a basic reading of a *kanji*. You should regard these words as key vocabulary words, and learn them in the workbook.

With the rare exception of a few words that have become key vocabulary, historical terms marked 歴 and specialized terms marked 特, because they occur infrequently and can be thought of as quite special, are not treated in the workbook.

## 3. Division of Workbook

The first volume of the workbook covers Levels 1-3 of the main book (*kanji* numbers 1-1200), and the second volume covers Levels 4-7 (*kanji* numbers 1201-2136).

# IV. How to use *Kanji in Context*

## 1. Target Level

The goal of *Kanji in Context* is to foster mastery of all of the *kanji* in everyday use. If you are a student of Japanese who has not yet learned all of the *Jōyō Kanji*, this textbook can be recommended to you.

If one does not know the basic *kanji*, it takes an enormous effort to remember the form of each individual character. To learn over 2,000 characters in a short period of time, it is necessary that you make effective use of characters you have learned previously. If you have acquired command of the basic *kanji*, you will be able to learn new *kanji* effectively by putting together things you know from the basic *kanji* or by noting that characters that are similar in form often have identical pronunciations or similar meanings.

This textbook assumes that the learner has mastered the 300-500 *kanji* normally taught in a typical beginning course. To make effective use of this text, you should already be familiar with most of the key words for the *kanji* entries in Levels 1 and 2 (*kanji* numbers 1-350). If you have mastered these *kanji*, then you should be able to use the main book and the workbook together to systematically learn the *kanji* and vocabulary presented.

If you are still at the beginning level, you can quickly increase your knowledge of compounds and other vocabulary by using the main book to systematically organize the *kanji* that you study in your beginning course textbook. As for the workbook, perhaps you should wait until you have increased your knowledge of *kanji* and vocabulary to a certain extent before you start using it.

## 2. Where to Start

For the most part, Levels 1 and 2 of the *kanji* entries in the main book represent the beginning level of study, Level 3 represents the intermediate level, Levels 4 and 5 represent the advanced level, and Levels 6 and 7 represent the post-advanced level. While it is possible for you to enter this text at any point in accordance with your current level of proficiency and preferred study method, in order to gain the maximum benefit from the design of *Kanji in Context* (organized so as to bring you to mastery of all of the characters in everyday use), generally it will be best to start at the beginning with Level 1. Although you are most likely already familiar with a large number of the *kanji* in Levels 1 and 2, the material presented in the entries at these levels is not confined to elementary vocabulary words, and we have made a point of presenting vocabulary that is necessary for intermediate and advanced students as well. For that reason, even if you have passed beyond the elementary phase of learning Japanese, study of these levels will almost surely help you expand your knowledge of *kanji*-based vocabulary.

## 3. Studying *Kanji* and *Kanji*-based Vocabulary with *Kanji in Context*

Below are some pointers that will help you to get the most out of the special features of *Kanji in Context*.

To attain the objective of this text, which is designed to enable students who have already learned some *kanji* to master all of the *Jōyō Kanji*, we recommend that you proceed by dividing your study into three stages and taking four successive steps at each stage.

**Stage I: Learn the basics** (master the readings of the *Jōyō Kanji*)

**Step 1:** Acquire a fundamental knowledge of the kanji entries
Fully memorize the forms of the *kanji* that are studied and the meaning and reading of the key words (words printed in red) in the main book and the *kanji* from which they are composed. This study gives you a fundamental knowledge of the *kanji*.

**Step 2:** Learn the meaning and usage of the kanji entries
Go over the vocabulary listed for each entry in the main book to learn the meaning and usage of the *kanji*. When you are strengthening your vocabulary by at first confining yourself to key words (printed in red), there is no need at this time to memorize the words that are not printed in red.

**Step 3:** Study the usage of the vocabulary and learn related words
Study the way *kanji* words that you learned are used, and study the way related words are used in the workbook. When you are focusing on key words (printed in red) only, study just the items that are marked by white numbers printed within black circles. Words printed in bold type are key vocabulary words, and you should make certain you memorize their meanings, their readings, and the way in which they are used. If you do not understand something, please go back to the main book and learn it.

**Step 4:** Check your mastery
Double-check to make certain that you have learned the key vocabulary words. Having your Japanese teacher or a friend make simple quizzes for you or making flashcards are among the effective ways to review. Another way that is useful for confirming your mastery is to try to create your own sentences containing the words in the workbook.

Continuing systematically to follow these four steps, go through the workbook until you have completed all 156 units. When you finish, you will have approximately 3,700 key words in your vocabulary. By mastering all of these, you will be able to read, or at least to infer the meanings and readings of, the vast majority of the *kanji* that appear in everyday Japanese written materials such as newspapers and magazines.

**Stage II: Study the words that are unmarked by a symbol** (review the readings of the *Jōyō Kanji* and expand your vocabulary)

In Stage II, you will be expanding and strengthening your stock of vocabulary words that incorporate the *kanji* you have learned. Go back to Unit 1 of the main book, and as you review key vocabulary words, follow the four steps described in Stage I, above, to gain mastery of the unmarked words (that is, the words that are not marked with the symbols ◇, 歴, or 特). When you reach Stage II you will have already learned all of the *Jōyō Kanji*, and at this stage you should also study the words in this book that contain characters you have not previously learned, which we have marked with an asterisk ( ＊ ). Please note that because not all these unmarked words are treated in the workbook, we have limited the list of such words by selecting words that are important to know but somewhat difficult to use. Although the number of such words is larger than the number of key vocabulary words, you will find that you master them faster than the key vocabulary words because you have already acquired knowledge of the forms and readings of the *Jōyō Kanji*. Continuing to follow this procedure, go through the main book until you have completed all 156 units.

**Stage III: Study the words marked with the symbols ◇, 歴, and 特** (learn all the readings of the *Jōyō Kanji* and expand your vocabulary)

In the third and final stage, you will begin again at Unit 1 and learn the words marked with the symbols ◇, 歴, and 特. These words are considered to have relatively low importance than the unmarked words, and generally they are not treated in the workbook (exceptionally, a few words marked ◇ do appear in the workbook). It will be sufficient for you to check the main book and to learn these words as needed to deal with the materials you choose to read. Please be aware, however, that if you wish to attain total mastery of 100% of the readings of *Jōyō Kanji*, you will need to be able to read all of these words.

# 第 4 水準
## （Level 4）

第95回～第116回

| 戻 | 丘 | 匹 | 司 | 詞 | 訂 | 訴 | 訟 | 譲 | 購 |
|------|------|------|------|------|------|------|------|------|------|
| 1201 | 1202 | 1203 | 1204 | 1205 | 1206 | 1207 | 1208 | 1209 | 1210 |

Ⅰ. 次の表現を勉強し、＿＿＿の言葉の意味と読み方を覚えなさい。

❶ 小高い<u>丘</u>
こだか

❷ 結婚式の<u>司会</u>

❸ 名詞、動詞、形容詞、副詞などの<u>品詞</u>
めい　どう　　　　ふく

❹ 原稿 / 数字 の誤りを<u>訂正</u>する

❺ 辞書 / 教科書 を<u>改訂</u>する

❻ お年寄りに席を<u>譲る</u>
としよ

❼ 家 / 土地 / 株 を子供に<u>譲渡</u>する

❽ 土地 / 住宅 / ビル を<u>購入</u>する

Ⅱ. 次の表現を比較し、＿＿＿の言葉の意味と読み方を覚えなさい。

❶ <u>1匹</u>　　<u>2匹</u>　　<u>3匹</u>

② （会社の）<u>上司</u>　　同僚　　部下

③ <u>司法</u>、立法、行政の三権分立
りっ

④ <u>譲歩</u>を 求める / 迫る　　<u>譲歩</u>(を)する / <u>譲歩</u>を余儀なくされる
よぎ

⑤ 新聞 / 雑誌 を<u>購読</u>する　　<u>購読料</u>

Ⅲ. ＿＿＿の言葉の読み方を書きなさい。

❶ A：田中部長はいらっしゃいますでしょうか。

　B：申し訳ございませんが、今ちょっと田中は席を外しておりまして。十分ほどで<u>戻る</u>と思い
　　　ますが。

　A：あ、そうですか。では<u>お戻り</u>の頃にまたお電話いたしますので。
　　　　　　　　　　　　　　　ころ

　B：そうですか、恐れ入ります。よろしくお願いいたします。
　　　　　　おそ　い

② 過去を悔いても<u>後戻り</u>することはできない。

❸ 日本最大の<u>砂丘</u>は鳥取県にある。
さいだい　　　　　とっとり

❹ タケシ君はまだ小学生だが、数学については高校生に<u>匹敵</u>する力を持っている。

❺ 日本語の歌でも、カラオケで何回も歌っているうちに**歌詞**を覚えてしまう。

❻ 加害者側<sub>がわ</sub>に誠意が見られなかったので、被害者側が**告訴**に踏み切った。

⑦ 彼は<u>親譲り</u>の明るい性格で、幼い頃<sub>ころ</sub>から家族を笑わせてばかりいた。

⑧ 長引く不況で、消費者の<u>購買力</u>も大幅に落ち込んでいる。

⟨裁判に関する言葉⟩

セクハラで上司を**訴える**

検察が容疑者を<u>起訴</u>する

国 / 会社 を相手に**訴訟**を起こす

国 / 会社 を**告訴**する

**告訴**　　勝訴　　敗訴　　控訴<sub>こう</sub>　　上告<sub>じょうこく</sub>

（上告された）事件をもとの裁判所に<u>差し戻す</u>

| 廷 | 処 | 拠 | 遣 | 還 | 逐 | 遂 | 墜 | 悔 | 慎 |
|---|---|---|---|---|---|---|---|---|---|
| 1211 | 1212 | 1213 | 1214 | 1215 | 1216 | 1217 | 1218 | 1219 | 1220 |

Ⅰ．次の表現を勉強し、＿＿＿＿の言葉の意味と読み方を覚えなさい。

❶ 法廷に立つ

② 事態(の変化)に対処する

③ 夏目漱石の処女作
なつめ そうせき さく

④ 文部科学省の学習指導要領に準拠した教科書

❺ 自衛隊の海外派遣

❻ 海外の主要都市に特派員を派遣する
とし

❼ 沖縄 / 北方領土 返還
おきなわ

⑧ 宇宙からの生還
うちゅう

⑨ 円高差益を消費者に還元する
さえき

❿ 任務を遂行する

⑪ 自殺未遂をする

⓬ 旅客機が墜落する

⑬ 戦闘機を撃墜する
せんとうき

⑭ 権威が失墜する
けんい

⓯ 慎重に話す / 検討する / 扱う
あつか

⓰ 酒 / 暴飲暴食 / 言葉 を慎む
ぼういんぼうしょく

Ⅱ．次の表現を比較し、＿＿＿＿の言葉の意味と読み方を覚えなさい。

❶ 法廷　　開廷　　出廷

② 宮廷　　宮廷音楽　　宮廷文学　　宮廷歌人
かじん

❸ 犯罪の証拠　　議論の根拠

④ 仮名遣い　　現代仮名遣い　　旧仮名遣い
きゅう

Ⅲ．＿＿＿＿の言葉の読み方を書きなさい。

❶ 示談が成立しなければ、法廷に持ち込むしかない。
じだん

② 私は宮廷で行われている行事の起源を研究している。

③ 近所のアパートで火事が起こったが、住民のすばやい対処で大事には至らなかった。

④ 聖書には、聖母マリアは処女のままキリストを産んだとある。

❺ 十分な証拠がなければ事件を立証したことにはならない。
りっしょう

❻ 我が社の弱点は、大消費地東京に販売の拠点を持たないことだ。

❼ 私が子供の頃は、１か月の小遣いは千円とか二千円でした。

❽ 目上の人と話す時は言葉遣いに気をつけなければいけないなどと言われると、目上の人と話す
のが嫌になる。

❾ 日本政府は北方領土の返還を目指し、交渉を重ねている。

❿ 小説を逐語訳していては、いい翻訳にならない。

⑪ 自分のしている仕事の経過を逐一上司に報告するのはばかげている。

⑫ 新しいことをする時は予想しなかった問題がいろいろ起こるだろうが、逐次対処していくしか
ない。

⑬ やり始めたことは最後までやり遂げるべきだという考え方もあるが、場合によっては途中で中
止する勇気も必要だ。

⑭ 仕事をし始めて、大学時代にまじめに勉強しなかったことをつくづく後悔した。

⑮ 「過去を悔やんでもしかたがない。その悔しい思いを将来のエネルギーにしてください。」

---

〈「処」を使った言葉〉

事態(の変化)に対処する

仕事をてきぱき処理する

核廃棄物の処理

不要になったものを処分する

問題を起こした社員を処分する

すぐに適切な処置をしないと大変なことになる

| 頻 | 項 | 販 | 贈 | 賄 | 賂 | 賢 | 堅 | 臨 | 幹 |
|---|---|---|---|---|---|---|---|---|---|
| 1221 | 1222 | 1223 | 1224 | 1225 | 1226 | 1227 | 1228 | 1229 | 1230 |

Ⅰ. 次の表現を勉強し、＿＿＿の言葉の意味と読み方を覚えなさい。

① 契約 / 条約 の 条項

② 高校 / 大学 / 大学院 の入学要項

❸ 蔵書を図書館に寄贈する

❹ 賢明な 判断 / やり方 / 選択

❺ 堅い コンクリート / 壁

❻ 湖に臨む静かなホテル

⑦ 動詞の語幹と語尾

❽ 木の幹

Ⅱ. 次の表現を比較し、＿＿＿の言葉の意味と読み方を覚えなさい。

❶ 頻繁に会う　　政治スキャンダルが頻発する　　頻出漢字　　使用頻度が高い / 低い

❷ 決定事項　　検討事項　　学習事項

❸ 商品の販売　　自動販売機　　市販の教材　　新規の販路を開拓する
　　　　　　　　　　　　　　　　　　　　　　しんき　　かいたく

❹ 賄賂　　贈賄　　収賄　　贈収賄事件

❺ 堅い壁　　堅固な建物　　堅実な経営　　自分の 政治的立場 / 主義 を堅持する

⑥ 大企業　　中堅企業　　中小企業　　　　❼ 臨時列車　　臨時国会　　臨時閣議

❽ 会社の幹部社員　　財務省の幹部職員

⑨ 東海道新幹線　　山陽新幹線　　東北新幹線　　上越新幹線
　　とうかいどう　　さんよう　　　　　　　　　　じょうえつ

⑩ 幹事長　　書記長　　書記局長
　　　　　　しょき

Ⅲ. ＿＿＿の言葉の読み方を書きなさい。

❶ 会議での決定事項を社長に報告する。

② レポートの書き方で大切なのは、題材の並べ方や項目の分け方を工夫することだ。

❸ 父の誕生日の**贈り物**に手編みのセーターを**贈った**。

④ 財産を相続すると相続税を取られるし、事前（じぜん）に財産を分けてもらうと<u>贈与税</u>を取られる。いずれにしても税金は**免れる**（まぬか）ことはできない。

⑤ お中元やお歳暮などの<u>贈答品</u>を選ぶのは、なかなか骨の折れる仕事だ。

❻ 東京では、20万円の給料で家族全員の生活費を**賄う**（まかな）のはかなり大変だ。

❼ この犬はとても**賢くて**、私がいない間ちゃんと留守番をしている。

❽ 今月は<u>臨時の</u>支出が多くて、家計が赤字になった。

⑨ 危篤（きとく）の知らせを聞いて急いで駆けつけたが、<u>臨終</u>に間に合わ（か）なかった。

⑩ 民主政治の<u>根幹</u>は、政治に国民の意思を反映（はんえい）させることである。

| 稿 | 稼 | 稲 | 穏 | 隠 | 隔 | 融 | 邸 | 隅 | 偶 |
|---|---|---|---|---|---|---|---|---|---|
| 1231 | 1232 | 1233 | 1234 | 1235 | 1236 | 1237 | 1238 | 1239 | 1240 |

Ⅰ. 次の表現を勉強し、＿＿＿＿の言葉の意味と読み方を覚えなさい。

① 新聞 / 雑誌 に投稿する

❷ お金 / 生活費 / 学費 を稼ぐ
　　　　　　がくひ

❸ 穏やかな 天気 / 気候 / 人 / 性格

❹ 平穏な生活

⑤ 何も心配がない安穏な生活

⑥ お金を額の後ろに隠す

❼ ベッドの下に隠れる

❽ 一定の間隔をあけて木を植える
　　いってい

⑨ 結核の患者を隔離する
　　　　かんじゃ

❿ 部屋の隅に観葉植物を置く
　　　　　　かんよう

⑪ 偶発的な事故

⑫ 偶像崇拝
　　　　すうはい

Ⅱ. 次の表現を比較し、＿＿＿＿の言葉の意味と読み方を覚えなさい。

❶ 出版物の原稿　　論文の 原稿 / 草稿
　　　　ぶつ

❷ 稲　　　　稲作

❸ 金融　　金融機関　　資金を融資する　　お金を融通する

❹ 立派な邸宅　　私邸　　公邸　　首相官邸　　大統領官邸

⑤ 荒川　　隅田川
　　あら

⑥ 偶数　⟷　奇数
　　　　　　　　き

Ⅲ. ＿＿＿＿の言葉の読み方を書きなさい。

① 稼ぎのいい仕事はなかなか見つからない。

❷ バブル経済の時は工場の機械を100%稼働させても生産が追いつかなかったが、今は操業短縮
　をしなければならないほどだ。　　　　　　　　　　　　　　　　　　　　　　　　　　そうぎょう

③ 部長は穏和な人柄で部下から慕われている。
　　　　　　　　　　　　　　　した

❹ 退職しても、財産がなければ楽な隠居生活はできない。
　　たいしょく

8

❺ レストランに入ると、二人はテーブルを**隔てて**向かい合って座った。

⑥ 正社員では難しいが、アルバイトだったら時間の融通がきく。
　せい

⑦ ギリシャ文化とオリエント文化が融合してヘレニズム文化が生まれた。

⑧ 核融合のエネルギーを電気に変える研究が進められているが、まだ、実用化されるまでには
　至っていない。

❾ 昨日銀座で**偶然**大学時代の友人に出会った。
　　ぎんざ

⑩ 海外赴任に配偶者を伴う。
　　　　　　　　　とも な

| 僕 | 偉 | 俗 | 侵 | 伺 | 伸 | 倣 | 催 | 債 | 併 |
|---|---|---|---|---|---|---|---|---|---|
| 1241 | 1242 | 1243 | 1244 | 1245 | 1246 | 1247 | 1248 | 1249 | 1250 |

Ⅰ. 次の表現を勉強し、＿＿＿の言葉の意味と読み方を覚えなさい。

❶ 偉大な人物

❷ 江戸時代の風俗

❸ 海外侵略の野望
　やぼう

④ 権利／人権 を侵害する

❺ 国境を侵す

❻ 先生のお宅に伺う

❼ 先生の意見を伺う

❽ 学力／英語力／日本語力 が伸びる

⑨ 手足／体 を伸ばす
　てあし

⑩ 膝の屈伸運動
　ひざ

⓫ 外国の文化や習慣を模倣する

⑫ オリンピックを開催する

Ⅱ. 次の表現を比較し、＿＿＿の言葉の意味と読み方を覚えなさい。

❶ 君　　僕
　きみ

② 偉人の物語　　偉人伝

❸ 風俗　俗語　　民俗学

④ 身長／背 が伸びる　　試合時間が延びる
　しんちょう

❺ セーターが伸びる ⟷ 縮む

⑥ イベントを主催する　　主催者

❼ 眠気を催す　　催眠術
　ねむけ

❽ 負債　国債　社債　債券　債権者　債務者

Ⅲ. ＿＿＿の言葉の読み方を書きなさい。

❶ 子供は少し努力すれば「偉い」と褒められるが、大人になるとそうはいかない。
　　　　　　　　　　　　　　ほ

❷ 外国で生活するためには、言葉を身につけるだけではなく、その国の風俗や習慣も知らなけれ
　ばならない。

③ 長大な万里の長城は、北方遊牧民族の侵入に備えて築かれたものである。
　ちょうだい　ばんり　ちょうじょう　　ゆうぼく

10

④ 1990 年８月、イラク軍がクウェートに<u>侵攻</u>し、湾岸危機が始まった。

❺ 目上の人への手紙に<u>**追伸**</u>を書くことは失礼とされている。

❻ 右ページの<u>**例に倣って**</u>、正確に記入してください。

⑦ 日曜日にデパートに行くと、屋上で子供のための<u>催し物</u>をしていた。

❽ 勤めていた会社が巨額の<u>**負債**</u>を抱えて倒産した。

⑨ 政府は<u>国債</u>を発行して税収の不足を補った。

❿ 私は会社の<u>**合併**</u>に関わる法律業務に携わっている。

⑪ 私は胃が弱いので、風邪薬を飲む時は胃薬を<u>併用</u>している。

⑫ 中国語は漢字だけで書くが、日本語は漢字と仮名を<u>併用</u>している。

⑬ 働きすぎの父は過労と風邪で倒れ、肺炎を<u>併発</u>し、とうとう入院することになった。

⑭ 先生に論文を提出する時に、今回の調査の詳しいデータも<u>**併せて**</u>提出した。

| 圏 | 宇 | 宙 | 抽 | 拍 | 摘 | 握 | 探 | 掘 | 堀 | 埋 |
|---|---|---|---|---|---|---|---|---|---|---|
| 1251 | 1252 | 1253 | 1254 | 1255 | 1256 | 1257 | 1258 | 1259 | 1260 | 1261 |

Ⅰ. 次の表現を勉強し、＿＿＿＿の言葉の意味と読み方を覚えなさい。

① ジェット機が宙返りする

② 薬草からエキスを抽出する
やくそう

③ 無作為抽出
むさくい

❹ 拍手(を)する　　拍手を送る

❺ 手で拍子を取る

⑥ 内臓 / 肝臓 / 病巣 / がん を摘出する
びょうそう

⑦ 国税庁が企業の脱税を摘発する
こくぜい　　　だつぜい

❽ 野原の花を摘む

❾ 敵と味方が握手(を)する

❿ 敵の様子を探る

⑪ 真理を探求する

⑫ 金属 / 魚群 探知機
ぎょぐん

⓭ 土に埋もれた古代の遺跡を発掘する
いせき

⑭ 海岸の埋立地に工場を作る

⑮ 死者を埋葬する

Ⅱ. 次の表現を比較し、＿＿＿＿の言葉の意味と読み方を覚えなさい。

❶ 首都圏　　北極圏　　南極圏　　共産圏

❷ 抽象的な話　⟷　具体的な話

❸ 手を握る　　握手する　　握力

❹ 仕事 / 結婚相手 / いい辞書 を探す　　犯人 / 財布 / 書類 を捜す
さが

❺ 穴 / 井戸 / 溝 を掘る　　遺跡の発掘調査をする　　石炭 / 金 を採掘する
みぞ　　　　　いせき

Ⅲ. ＿＿＿＿の言葉の読み方を書きなさい。

❶ 宇宙から帰ってくるロケットが大気圏に突入すると、空気との摩擦で大変な熱が出る。
まさつ

② 約 3,000 人の学生から無作為に抽出した 300 人を対象に、意識調査を行った。
むさくい

③ クイズ正解者の中から抽選で 10 名の方を、ハワイ旅行にご招待いたします。

④ 円高が今回の不況に拍車をかけている。

❺ 転んだ拍子に財布を落としてしまった。

❻ 他人の欠点を指摘する前に、自分のことを反省しよう。
けってん

⑦ 検察は企業や政治家の不正をもっと厳しく摘発すべきだ。

⑧ 初夏になると山の斜面の茶畑で茶摘みが始まる。
しゃめん　　　ばたけ

❾ 日本では、城の周りに堀を作って敵の来襲に備えた。例えば、江戸城には内堀と外堀の二つの
らいしゅう
堀が築かれていた。今は外堀の大部分は埋められているが、一部はまだ残っている。

❿ 最近は日常生活に埋没して、自分の生き方について考えることもなくなった。

# 第 101 回

| 排 | 拓 | 抑 | 拐 | 扱 | 撮 | 挑 | 兆 | 援 | 緩 |
|---|---|---|---|---|---|---|---|---|---|
| 1262 | 1263 | 1264 | 1265 | 1266 | 1267 | 1268 | 1269 | 1270 | 1271 |

Ⅰ. 次の表現を勉強し、＿＿＿の言葉の意味と読み方を覚えなさい。

① 自動車の排気ガス

② 排日運動が起こる

③ 西部の開拓者たち

❹ 感情を抑制する

⑤ 自由が抑圧される

❻ 痛みを抑える

❼ 子供を誘拐して身代金を要求する
　　　　みのしろきん

⑧ 挑発的な ポーズ / 服装 / まなざし
　　　　　　　　　　ふくそう

⑨ 大地震の前兆

❿ 春の兆しが見えてくる

⑪ 自分の好きなチームを応援する

⑫ 選手に声援を送る

⓭ 風邪の諸症状を緩和する
　　かぜ　　しょうじょう

Ⅱ. 次の表現を比較し、＿＿＿の言葉の意味と読み方を覚えなさい。

① 核兵器の戦争抑止力　　犯罪抑止力

❷ 映画を撮影する　　映画の撮影所　　映画 / 写真 を撮る

❸ チャンピオンに挑戦する　　チャンピオンに戦いを挑む

❹ 一万円　　一億円　　一兆円

Ⅲ. ＿＿＿の言葉の読み方を書きなさい。

① うちの庭は排水が悪く、雨が降るとすぐ水が▲溜まる。
　　　　　　　　　　　　　　　　　　　　　　　た

❷ 排他的な姿勢では問題は解決しない。

❸ 北海道の大部分は明治以後に開拓された。
　　　　　　　　　　　　　いご

❹ 九州の有明海では干潟を干拓して広大な水田を作った。
　　　　ありあけかい　ひがた

14

❺ アルコール飲料には脳の活動を**抑制**する働きがある。

⑥ 警察による犯罪の検挙率が高ければ、犯罪の<u>抑止力</u>になる。

❼ 「うちの店は薬だけで、化粧品は**扱って**おりません。」
<sub>けしょうひん</sub>

⑧ ガソリンは可燃性なので、<u>取り扱い</u>には十分な注意が必要だ。

⑨ ガラス製品などが入っている箱には「<u>取扱注意</u>」と書いてある。

⑩ 挑戦者は何度もチャンピオンを挑発したが、冷静なチャンピオンは<u>挑発</u>に乗らなかった。

❶❶ <u>挑戦者</u>はこれまでチャンピオンに三度戦いを**挑んだ**が、一度も勝てないでいる。

⑫ 発展途上国の経済開発を助けるために、先進国は経済**援助**を行っている。

⑬ 友達がホノルル・マラソンに出るというので、ハワイまで<u>応援</u>に行った。

⑭ 形勢が不利な時は、<u>援軍</u>が駆けつけるのを待った方がよい。
<sub>けいせい</sub>　<sub>か</sub>

⑮ 政治家の<u>後援会</u>は、政治家と地元を結ぶという重要な役割を果たしている。

⑯ <u>規制緩和</u>によって消費者の選択の幅が広がった。

〈「緩」に関する言葉〉

<u>緩</u>やかな 坂 / カーブ　⟷　急な 坂 / カーブ

ネジ / ベルト が<u>緩</u>い　⟷　ネジ / ベルト がきつい

ネジ / ベルト を<u>緩</u>める　⟷　ネジ / ベルト を締める

| 丈 | 牧 | 畜 | 充 | 玄 | 豪 | 盲 | 帽 | 昇 |
|---|---|---|---|---|---|---|---|---|
| 1272 | 1273 | 1274 | 1275 | 1276 | 1277 | 1278 | 1279 | 1280 |

Ⅰ. 次の表現を勉強し、＿＿＿の言葉の意味と読み方を覚えなさい。

❶ 牛や豚などの<u>家畜</u>

② 電池を<u>充電</u>する

❸ <u>充実</u>した生活

④ 部屋にガスが<u>充満</u>する

⑤ 欲求を<u>充足</u>する
よっきゅう

⑥ 目が<u>充血</u>する

⑦ 駐車施設を<u>拡充</u>する
ちゅうしゃ

⑧ 会社のお金で<u>豪遊</u>する

⑨ <u>豪勢な</u> 食事 / 暮らし

⑩ 係長 / 課長 / 部長 に<u>昇進</u>する

⑪ 専門学校が大学に<u>昇格</u>する

Ⅱ. 次の表現を比較し、＿＿＿の言葉の意味と読み方を覚えなさい。

❶ <u>牧場</u>　<u>牧草</u>　<u>放牧</u>　<u>遊牧</u>

② プロテスタントの<u>牧師</u>　　カトリックの神父

③ 農業　林業　<u>牧畜業</u>

④ 白米　<u>玄米</u>

❺ 素人 ⟷ <u>玄人</u>

⑥ <u>豪州</u>　欧州　日<u>豪</u>関係　日欧関係
　　　　　　　　　　　にち　　　　　　　にちおう

❼ <u>盲人</u>　<u>盲目</u>の人

❽ <u>帽子</u>をかぶる ⟷ <u>帽子</u>をとる

❾ 地価 / 株価 が <u>上昇</u>する / 下落する
　　　　かぶか　　　　　　　　　げらく

⑩ 太陽が<u>昇る</u> ⟷ 太陽が沈む

Ⅲ. ＿＿＿の言葉の読み方を書きなさい。

❶ 先生になったばかりの頃はいくら準備しても「これで<u>大丈夫</u>」と思えることはなかった。
　　　　　　　　　　　ころ

② 運動は<u>丈夫</u>な体を作るために大切だ。

❸ 適度の運動、バランスの取れた食事、規則正しい生活習慣は、健康で<u>充実した</u>毎日を送るのに
とても重要だ。

❹ 叔父の家では収入の 20%を子供の教育費に<u>充て</u>ている。
　おじ

❺ 友達の家に行くと、<u>玄関</u>に立派な絵が飾ってあった。

❻ 台風による集中<u>豪雨</u>でがけ崩れが起こった。
　　　　　　　　　　　　くず

❼ 将軍の作戦は、敵の<u>盲点</u>を突く見事なものだった。
　　さくせん

❽ ロケットが大空に向かって<u>上昇</u>していった。

⑨ 会社との契約で<u>昇給</u>の条件が定められている。

| 曇 | 糧 | 糖 | 粧 | 臭 | 鼻 | 憩 | 舌 | 君 | 含 |
|---|---|---|---|---|---|---|---|---|---|
| 1281 | 1282 | 1283 | 1284 | 1285 | 1286 | 1287 | 1288 | 1289 | 1290 |

Ⅰ. 次の表現を勉強し、＿＿＿の言葉の意味と読み方を覚えなさい。

① 舌戦が展開される

② 弁舌滑らかに話す
　　　　　なめ

③ 金 / 銀 / 銅 の含有量
　　　　　どう

Ⅱ. 次の表現を比較し、＿＿＿の言葉の意味と読み方を覚えなさい。

❶ 化粧をする　　化粧品　　化粧室

❷ トイレが臭い　　生ごみが悪臭を放つ
　　　　　　　　なま

❸ 鼻　　鼻血が出る

❹ 耳鼻科　　内科　　外科　　小児科
　　　　　　　　　　　　　　　しょうに

❺ 休憩する　　休憩時間　　憩いのひととき

❻ 舌　　舌打ちする

❼ 毒舌を吐く　　毒舌家
　　　　は　　　　　　か

❽ 君　　僕

❾ 君主　　臣民
　　　　　しんみん

⑩ 王 / 女王 が君臨する

Ⅲ. ＿＿＿の言葉の読み方を書きなさい。

❶「明日の天気は曇りのち晴れでしょう。」(天気予報)

②「さっきまでとてもよく晴れていたのに、少し曇ってきましたね。」

❸ 今年の夏は曇天が続いたため、作物の生育が非常に悪い。

❹ 災害で被害を受けた地域に食糧援助を行うことが決まった。

❺「砂糖がたくさん入っているケーキやお菓子を食べると、糖分の取りすぎになりますので、気を
　　　　　　　　　　　　　　　　　　か　し
つけましょう。」

❻ ごみ箱が臭うので中をのぞいたら、腐ったタマネギが入っていた。
　　　　　くさ

❼ 湖に憩う渡り鳥を見て、私は彼らの何千キロという旅に思いを馳せた。
　　　わた　どり　　　　　　　　　　　　　　　　　　　　　　は

⑧ 大統領選挙での候補者の<u>舌戦</u>は面白いが、スキャンダルの<ruby>暴<rt>あば</rt></ruby>き合いになると、ばかばかしく
　 なってくる。

⑨ イギリス、オランダなどは、<u>立憲君主制</u>の国である。

⑩ ビールには普通４％から５％のアルコールが<u>含まれ</u>ている。

⑪ 旅行の費用は、宿泊費と交通費を<u>含めて</u>大体５万円くらいだ。

⑫ <ruby>老<rt>ろう</rt></ruby>教授の話し方はとつとつとしており、決して上手とは言えなかったが、内容は非常に含蓄の
　 あるものだった。

| 叫 | 奇 | 崎 | 峡 | 紅 | 繊 | 維 | 紛 | 紳 | 縦 |
|---|---|---|---|---|---|---|---|---|---|
| 1291 | 1292 | 1293 | 1294 | 1295 | 1296 | 1297 | 1298 | 1299 | 1300 |

Ⅰ. 次の表現を勉強し、＿＿＿の言葉の意味と読み方を覚えなさい。

❶ 真紅の ⁺絨⁺毯の上を歩く
じゅう たん

❷ 口紅をつける

❸ 繊維の多い野菜

Ⅱ. 次の表現を比較し、＿＿＿の言葉の意味と読み方を覚えなさい。

❶ 叫ぶ　　叫び声を上げる　　絶叫する

② 偶数　⟷　奇数

❸ 長崎市　　宮崎市　　大分市
おおいた

❹ ドーバー海峡　　マラッカ海峡

❺ コーヒー　　紅茶　　日本茶

❻ 繊維　　繊維工業　　合成繊維　　化学繊維

⑦ 繊細な感覚　　心の繊細な人

❽ 現状／建物／施設 を維持する　　施設の維持費

❾ 紳士　⟷　婦人　　紳士服　⟷　婦人服

❿ 会社の中の縦の関係と横の関係

⑪ 縦線　　横線

⓬ 日本列島を縦断する　　太平洋を横断する

Ⅲ. ＿＿＿の言葉の読み方を書きなさい。

❶ 呼んでも叫んでも誰も助けに来てくれなかった。

❷ 隣の部屋から奇妙な音が聞こえてきた。

③ 猫は好奇心の強い動物だ。
ねこ

❹ 東北の山々は秋になると素晴らしい紅葉を見せる。
やまやま

❺ 山に行くと紅葉の葉が赤くきれいに色づいていた。

❻ 両国の国境紛争は激しさを増し、ついに全面的な戦争状態となった。
ぜんめん

⑦ 与党内の内紛のために、国会の開催が大幅に遅れた。

⑧ 大切な書類を紛失してしまった。きっと、ほかの書類に紛れ込んでいるのだと思うが、どこに入れたか全然思い出せない。

⑨ 今日は会社で嫌(いや)なことばかりあって気が滅入(めい)ってしまったが、好きな映画を見たら気が紛れた。

⑩ 試験の結果が気になって眠れない。それで気を紛らすために本を読み始めた。

❶ 漢字には形の**紛らわしい**ものがたくさんある。例えば、「持」と「待」だ。

| 索 | 累 | 畳 | 翼 | 裸 | 軌 | 載 | 軟 | 硬 | 柔 |
|---|---|---|---|---|---|---|---|---|---|
| 1301 | 1302 | 1303 | 1304 | 1305 | 1306 | 1307 | 1308 | 1309 | 1310 |

Ⅰ. 次の表現を勉強し、＿＿＿＿の言葉の意味と読み方を覚えなさい。

① 古い資料を探索しに古本屋へ行く
（しりょう）

② 折り畳み式のベッド

❸ 洗濯物を畳む

❹ 鳥が翼を広げる

❺ 人工衛星が地球を回る軌道に乗る

❻ 計画が軌道に乗る

❼ 論文 / エッセイ / 記事 が 雑誌 / 新聞 に 掲載される

❽ ラムウールの柔らかい感触
（かんしょく）

Ⅱ. 次の表現を比較し、＿＿＿＿の言葉の意味と読み方を覚えなさい。

❶ （漢和辞典の）音訓索引　　総画索引
（かんわじてん）（おん）（そうかく）

❷ 累計　　総計

③ 累積赤字　　累積債務

❹ 畳　　六畳 / 八畳 の部屋

❺ 右翼の団体　　左翼の活動家

❻ 裸婦の絵　　裸体画

❼ 軟らかいボール ⟷ 硬いボール

❽ 軟弱な 姿勢 / 態度 ⟷ 強硬な 姿勢 / 態度

⑨ 態度が軟化する ⟷ 態度が硬化する

❿ 柔道　　剣道　　空手

Ⅲ. ＿＿＿＿の言葉の読み方を書きなさい。

① その日は一日中書斎で思索にふけっていた。
（しょさい）

❷ ベッドに寝るよりも、畳の上に布団を敷いて寝る方が好きだ。

❸ 子供たちは裸になって川に飛び込んだ。

❹ 初めて学会誌に自分の論文が掲載された時は、本当にうれしかった。

❺ 「このトラックの最大積載量は４トンです。それ以上の荷物を載せると法規違反になります。」
（ほうき）

⑥ お金には紙幣と硬貨がある。

❼ **軟弱な**姿勢で交渉に臨むと、相手のペースに乗せられてしまう。かといって、初めから**強硬な**姿勢では、相手の態度も硬化してしまって、話し合いにならない。うまく交渉をするためには、自分の方針を持った上で、相手の出方によって**柔軟に**対応するというやり方がよい。

⑧ ダイヤモンドは天然の物質の中で最も硬度が高い。

❾ 手や足などの関節のつなぎ目には、**柔らかくて**弾力のある軟骨がある。

| 炊 | 冊 | 盤 | 盆 | 煮 | 署 | 罰 | 型 | 刺 | 削 |
|---|---|---|---|---|---|---|---|---|---|
| 1311 | 1312 | 1313 | 1314 | 1315 | 1316 | 1317 | 1318 | 1319 | 1320 |

Ⅰ. 次の表現を勉強し、＿＿＿＿の言葉の意味と読み方を覚えなさい。

① 契約書／条約 に署名する

❷ 犯罪者を罰する

③ 生徒に体罰を加える

❹ 典型的なサラリーマン

❺ 経費／軍事費／人員 を削減する

⑥ 文／条項／記述 を削除する

Ⅱ. 次の表現を比較し、＿＿＿＿の言葉の意味と読み方を覚えなさい。

❶ ご飯を炊く　　炊飯器　　炊事をする

② 自炊する　←→　外食する

③ 円盤　　円盤投げ　　空飛ぶ円盤（UFO）

④ 京都盆地　　奈良盆地

❺ 警察署　　消防署　　税務署

❻ 罰　　罰する　　罰金

⑦ 大型車　　中型車　　小型車

❽ ナイフで人を刺す　　虫に刺される　　指にとげが刺さる

❾ 鉛筆を削る　　予算を削る

Ⅲ. ＿＿＿＿の言葉の読み方を書きなさい。

❶ 掃除、洗濯、炊事などにかける時間は、家電製品の普及に伴って減少した。

❷ 私は小説が好きで、日本の小説だけでも 1,000 冊 くらい読んだ。

③ この辞書には別冊付録として難読人名一覧が付いている。

④ 百科事典は分冊の形で出版されるのが普通だ。

❺ 経済を発展させるためには、通信、輸送等の産業基盤の整備が不可欠である。

⑥ 地盤の緩い土地に建物を造る場合は注意が必要だ。

⑦ 空飛ぶ<u>円盤</u>を見たという人は世界中にいる。

⑧ 選挙戦も<u>終盤戦</u>に入り、票取り<u>合戦</u>がますます激しくなってきた。

❾ **<u>お盆</u>**にグラスをいっぱい載せて運ぼうとしたら、グラスが倒れて割れてしまった。

❿ **<u>お盆</u>**には先祖の<u>霊</u>が家に帰ってくると言われている。

⓫ 新鮮な魚は**<u>煮たり</u>**焼いたりしないで、<u>刺し身</u>にして食べるのが一番だ。

⑫ 「<u>煮物</u>を作る時は、*<u>醤油</u>は材料が十分に<u>煮えて</u>から入れます。」

⓭ 子供の<u>頃</u>「食べ物を<u>粗末</u>にすると**<u>罰が当たる</u>**」と教えられた。

⑭ 童話には<u>一定</u>の<u>型</u>にはまった話が多い。

⑮ 南方の<u>島々</u>の伝説が日本の神話の<u>原型</u>になっているという説もある。

⑯ この小説の登場人物は、すべて非常に<u>類型的</u>に描かれている。

⑰ 「すみません、今、<u>名刺</u>を切らしておりまして。」

⓲ チャップリンの映画は**<u>風刺</u>**がよくきいている。

⑲ 普段日本食ばかり食べているので、<u>刺激</u>の強い食べ物はちょっと<u>苦手</u>だ。

⑳ 弟の勉強ぶりに<u>刺激</u>されて、兄も最近勉強するようになった。

| 剰 | 垂 | 華 | 兼 | 嫌 | 尋 | 寿 | 闘 | 娯 | 妊 | 娠 |
|---|---|---|---|---|---|---|---|---|---|---|
| 1321 | 1322 | 1323 | 1324 | 1325 | 1326 | 1327 | 1328 | 1329 | 1330 | 1331 |

Ⅰ. 次の表現を勉強し、_____の言葉の意味と読み方を覚えなさい。

① 三角形の頂点から垂線を下ろす
　　　ちょうてん

② 映画の監督兼俳優

③ 長寿を祝う

④ 資本家と労働者の間の階級闘争
　　　　　　　　　　　　　　　か

Ⅱ. 次の表現を比較し、_____の言葉の意味と読み方を覚えなさい。

❶ 水平の線　　垂直の線

❷ 中華料理　　中華思想

③ 中華人民共和国　　中華民国

④ 茶道　　華道

❺ 戦闘　　戦闘機　　戦艦
　　　　　　　　　　かん

❻ 妊娠する　　妊婦

Ⅲ. _____の言葉の読み方を書きなさい。

❶ 過剰な人口を抱えて東京は苦しんでいる。

❷ さんまが供給過剰で値崩れを起こしている。
　　　　　　　　　　ねくず

③ 法律により、企業は余剰人員を簡単に削減するわけにはいかない。

④ 国立大学に割り当てられた予算で剰余金が出た場合は、国に返却しなければならない。

⑤ 雨はやんだが、まだ木々の枝葉から雨垂れが落ちてくる。

❻ 汗水垂らして働いて稼いだお金を盗まれてしまった。
　　あせみず

❼ 一度芸能界のような華やかな世界に入ると、なかなか普通の人に戻れない。
　　　げいのうかい

❽ 副首相が外務大臣を兼任した。

❾ 参加メンバーが少ないので、私は経理と連絡係を兼ねることになった。

⑩ 肉は体によくないと言って嫌う人もいる。

26

⑪ 私はたばこの煙がひどく**嫌いで**、ほかの人がたばこをポケットから出すのを見ただけで**嫌悪感**を覚える。

⑫ 私は食べ物の好き嫌いがほとんどないが、兄は魚がまったく駄目だ。兄は今日の夕飯は魚だと聞いただけで**機嫌**が悪くなる。

⑬ ビジネスでは客の**好き嫌い**は言っていられない。**嫌な客**でも、やはり大切なお客様だ。

⑭ 知らない町に行って通りがかりの人に道を**尋ねた**ら、とても親切に教えてくれた。

⑮ 容疑者は警察の**尋問**を受けたが、黙秘権を行使して何もしゃべらなかった。

⑯ 医療技術の進歩によって平均**寿命**が延びた。

⑰ 多くの社会で**長寿**を祝う習慣が見られる。

⑱ 不況のため、今年の**春闘**では組合側も高い賃上げ要求ができなかった。

⑲ 田舎にいる時はそれほど感じなかったが、一度東京に住むと、田舎は**娯楽**が少ないなあとつくづく感じる。

⑳ **人工妊娠中絶**をめぐる論争には決着が付いていない。

| 妥 | 威 | 戒 | 釣 | 鈴 | 鋼 | 鎖 | 鉛 | 銅 |
|---|---|---|---|---|---|---|---|---|
| 1332 | 1333 | 1334 | 1335 | 1336 | 1337 | 1338 | 1339 | 1340 |

## Ⅰ. 次の表現を勉強し、＿＿＿の言葉の意味と読み方を覚えなさい。

① 裁判長の威厳のある話し方　　② 新兵器の威力

❸ 警察が首相官邸の周りの警戒にあたる　　④ 厳戒態勢をしく

⑤ モーゼの十戒　　⑥ イスラム教の戒律

⑦ 偉大な政治家の銅像を建てる

## Ⅱ. 次の表現を比較し、＿＿＿の言葉の意味と読み方を覚えなさい。

❶ 釣りをする　　魚を釣る　　❷ 猫に鈴をつける　　お寺や教会の鐘

❸ 鈴　　鈴虫　　風鈴　　呼び鈴　　❹ 鉄鋼　　鉄鋼業

❺ 犬の鎖　　連鎖反応　　工場を閉鎖する　　国境を封鎖する

❻ 鎖国する　←→　開国する　　❼ 鉛筆で書く　　鉛筆を削る　　鉛の弾

❽ 銅と鉛を混ぜる　　❾ 金メダル　　銀メダル　　銅メダル

## Ⅲ. ＿＿＿の言葉の読み方を書きなさい。

❶ 領土問題は国家の威信にかかわる問題なので、双方ともなかなか妥協することができない。

② 組合の賃上げ要求に対し、経営側は「組合の要求は妥当な額をはるかに超えている」と拒否の
姿勢を明らかにした。その後組合側は様々な示威行動を見せたが、結局は昨年と同水準で交渉
が妥結した。

❸ 明日のシンポジウムには日本文学研究の権威とされている大学教授が出席する予定だ。

④ 政治家だと言って威張っていても、選挙で負けるとただの人になる。

❺ 宗教上の**戒め**を守って、肉は一切口にしなかった。

⑥ 税負担と社会福祉の釣り合いがとれていないと、国民の不満が大きくなる。

⑦ 急いでタクシーを降りたので、お釣りをもらうのを忘れてしまった。

⑧ 庭で鈴虫が鳴き始めると、秋になったなあと感じる。

⑨ よくある名字というと、「佐藤さん」「鈴木さん」「田中さん」が代表的だ。

⑩ 育児室の中で一人の赤ちゃんが泣き始めると、連鎖反応が起こって赤ちゃんがみんな泣き始める。

# 第 109 回

| 胴 | 腕 | 肺 | 胆 | 肌 | 飢 | 餓 | 飼 | 旨 | 脂 | 肪 |
|---|---|---|---|---|---|---|---|---|---|---|
| 1341 | 1342 | 1343 | 1344 | 1345 | 1346 | 1347 | 1348 | 1349 | 1350 | 1351 |

Ⅰ．次の表現を勉強し、＿＿＿の言葉の意味と読み方を覚えなさい。

❶ <u>肺</u> / <u>肺病</u> を患う
<sub>わずら</sub>

❷ <u>大胆な</u> 水着 / デザイン / 行動

❸ 寒さ / 紫外線 で手や顔の<u>肌</u>が荒れる
<sub>し がいせん</sub>　　　　　　　<sub>あ</sub>

❹ 愛情 / 活字 に<u>飢える</u>

❺ 犬 / 猫 / 牛 / 豚 を<u>飼う</u>
　　<sub>ねこ</sub>

Ⅱ．次の表現を比較し、＿＿＿の言葉の意味と読み方を覚えなさい。

❶ <u>腕</u>　　<u>腕</u>時計　　<u>腕力</u>

❷ <u>飢える</u>　　<u>飢えて死ぬ</u>　　<u>餓死する</u>

❸ 家畜を<u>飼育</u>する　　家畜の<u>飼料</u>

Ⅲ．＿＿＿の言葉の読み方を書きなさい。

❶ <u>胴</u>が長くて足が短いのがダックスフントという犬の特徴だ。

② 飛行機の車輪が出ず、やむなく機長は<u>胴体着陸</u>をすることにした。
　　　　　　　　　　　　　　　　　<sub>ちゃくりく</sub>

③ プロ野球で優勝したチームは、必ず監督を<u>胴上げ</u>する。

❹ ボクシングの場合、<u>腕</u>が長いと<u>有利</u>である。
　　　　　　　　　　　　　　　<sub>ゆう り</sub>

❺ 話し合いがつかなければ<u>腕力</u>に訴えるというのは、<u>良識</u>のある人間のすることではない。
　　　　　　　　　　　　　　　　　　　　　　<sub>りょうしき</sub>

⑥ 新しい社長の経営<u>手腕</u>で、会社がようやく立ち直ってきた。

❼ 人間は<u>肺</u>で呼吸をしているが、魚はえらで呼吸をする。

⑧ 兄は入学試験に失敗して、<u>落胆</u>のあまりずっと部屋に閉じ込もっている。

❾ 新しい上司とはどうも<u>肌</u>が合わない。

❿ <u>肌着</u>は<u>肌</u>に直接触れるものだから、安全なものを選びたい。
　　　　　　　<sub>ふ</sub>

30

⑪ 秋が深まり、朝晩肌寒くなってきた。
<sub>あさばん</sub>

⑫ 「化粧をする時は地肌に直接パウダーをつけるのではなく、まずメイクアップベースをぬり、次にファンデーションをぬり、それからパウダーをつけます。」

⑬ 世界には**飢餓**に苦しんでいる人が何千万人もいるという。

⑭ 犬のふんは飼い主が責任をもって処分すべきだ。

⑮ 息子の学校では、うさぎと鶏を**飼育**しているそうだ。
<sub>にわとり</sub>

⑯ 「おっしゃることの**趣旨**は分かりますが、現在の状況では実行は難しいと思います。」

⑰ 「論文には 1,000 字の要旨とその英訳を付けてください。」

⑱ 鈴木先生の話し方は、論旨が明快でとても分かりやすい。
<sub>めいかい</sub>

⑲ 「本校生徒は原則としてアルバイトをしてはならない。やむを得ない理由でアルバイトが必要な生徒は、学校にその旨を伝え、許可を得なければならない。」(校則)

⑳ 脂肪分の多い食べ物は、あまり体によくない。

㉑ ラードは豚肉の脂を固めたものだ。

㉒ 「最近脂っこいものばかり食べているので胴回りが気になる」と父が言っていた。

| 肥 | 脈 | 膨 | 肢 | 枯 | 杉 | 彫 | 髪 | 珍 |
|----|----|----|----|----|----|----|----|----|
| 1352 | 1353 | 1354 | 1355 | 1356 | 1357 | 1358 | 1359 | 1360 |

Ⅰ. 次の表現を勉強し、＿＿＿の言葉の意味と読み方を覚えなさい。

❶ 作物に<u>肥料</u>をやる

② 組織が<u>肥大化</u>する

❸ <u>脈</u>が 速い / 遅い

❹ <u>脈</u>を 診る / 取る
 み

⑤ <u>文脈</u>の中で言葉の意味を類推する

⑥ ヒマラヤ<u>山脈</u>

❼ <u>膨大な</u> 赤字 / 黒字 / 負債

⑧ 風船を<u>膨らます</u>

❾ 古代ギリシャの<u>彫刻</u>

⑩ <u>木彫り</u>の 動物 / 鳥 / 熊
 くま

⓫ <u>髪</u>の毛が抜ける

⑫ <u>白髪</u>の老人

⓭ <u>珍しい</u>動物

⑭ 山海の<u>珍味</u>を集めた▲<u>贅沢</u>な食事
 さんかい ぜいたく

Ⅱ. 次の表現を比較し、＿＿＿の言葉の意味と読み方を覚えなさい。

❶ 作物の<u>肥料</u> 　 家畜の飼料

❷ 化学<u>肥料</u> 　 有機<u>肥料</u> 　 <u>肥やし</u>
 ゆうき

❸ <u>脈</u> 　 <u>動脈</u> 　 <u>静脈</u> 　 <u>不整脈</u>

❹ 花 / 木 / 葉 / 植物 / 泉 が<u>枯れる</u> 　 <u>枯れ葉</u> 　 <u>枯れ木</u> 　 <u>枯れ草</u>

❺ <u>杉</u>の木 　 <u>杉並木</u> 　 <u>杉並区</u>

❻ 仏像を<u>彫る</u> 　 メダルに名前を<u>彫る</u>

Ⅲ. ＿＿＿の言葉の読み方を書きなさい。

① 中年になると<u>肥満</u>になりやすい。

② プロフェッショナルとして仕事をするためには、能力とともに<u>人脈</u>も必要だ。

③ 現在の科学では、宇宙は<u>膨張</u>し続けていると考えられている。

❹ 高齢化社会の進行で、今後ますます福祉予算が<u>膨らんで</u>いくものと予想されている。
 こうれいか しんこう

❺ テストの選択問題の場合、**選択肢**は４つが適当であると言われている。

❻ 新しく生まれた子馬は、ほんの数時間で四肢で立つことができるようになる。

❼ 花粉症の主な原因は杉の花粉だ。
　　かふんしょう

❽ 最近、若い女性や主婦の間で彫金が静かなブームになっているらしい。

❾ 今回の不況は、雇用慣行の問題点を改めて浮き彫りにした。
　　　　　　　　　かんこう

❿ 年のせいか、最近**白髪**が増えてきた。

⑪ 父の趣味は古美術品を集めることだ。それも珍品ばかり集めている。
　　　　　　　　　こ

⑫ 温泉に猿が現れ、思わぬ**珍客**に入浴客は喜んだ。
　　　　　さる

| 診 | 療 | 症 | 癖 | 避 | 恥 | 患 | 菌 | 荘 | 装 | 裂 |
|------|------|------|------|------|------|------|------|------|------|------|
| 1361 | 1362 | 1363 | 1364 | 1365 | 1366 | 1367 | 1368 | 1369 | 1370 | 1371 |

Ⅰ．次の表現を勉強し、＿＿＿＿の言葉の意味と読み方を覚えなさい。

❶ <u>診察</u>室で医師の<u>診察</u>を受ける

② 近所のお医者さんに<u>往診</u>を頼む

③ 危険／戦争／衝突／責任 を<u>回避</u>する
（しょうとつ）

❹ 人／人目／難 を<u>避ける</u>
（ひとめ）

❺ 失敗して<u>恥</u>をかく

❻ 自分の 行為／罪 を<u>恥じる</u>

❼ 脈／<u>患者</u> を<u>診る</u>

⑧ <u>患部</u>に薬をつける

⑨ <u>無菌</u>の状態で実験をする

❿ サラリーマン／学生 らしい <u>服装</u>

⓫ <u>服装</u>／言葉遣い に気をつける

⑫ ピストルの安全<u>装置</u>を外す

⑬ 安全<u>装置</u>が作動する
（さどう）

⓮ 政党／国 が<u>分裂</u>する

⑮ 水道管が<u>破裂</u>する

⑯ 交渉が<u>決裂</u>する

⓱ 愛し合う二人の仲を<u>裂く</u>

Ⅱ．次の表現を比較し、＿＿＿＿の言葉の意味と読み方を覚えなさい。

❶ 医師の**診察**　　健康<u>診断</u>　　胃の定期<u>検診</u>

② <u>不眠症</u>　　<u>自閉症</u>　　後天性免疫不全<u>症</u>候群（AIDS）
（こうてんせいめんえき ふ ぜん）

❸ 医師　　<u>患者</u>

❹ コレラ<u>菌</u>　　ペスト<u>菌</u>　　**細菌**　　<u>細菌</u>兵器

⑤ <u>武装</u>する ⟷ <u>武装</u>を解除する

⑥ 地震で大地が<u>裂ける</u>　　大地／氷 の<u>裂け目</u>
（だいち）

Ⅲ．＿＿＿＿の言葉の読み方を書きなさい。

① 転勤の<u>打診</u>を受けたが、単身赴任になるので妻とよく相談してから返事をすると答えた。

❷ 病気は病状が悪化してから<u>治療</u>するのでは遅い。とにかく早期発見が大切だ。
（びょうじょう）　　　　　　　　　　　　　　　　　　　　　　　　　　（そうき）

③ <u>医療費</u>は税金の<u>控除</u>の対象になる。

④ 兄は10年間勤めた病院をやめて、自分で<u>診療所</u>を開いた。

⑤ 手術は成功したが体力が<u>衰えて</u>しまったので、父はしばらく<u>療養</u>が必要だった。

❻ 風邪薬は風邪を治すわけではなく、風邪の<u>症状</u>を緩和するだけだ。

❼ 自分の<u>癖</u>というのは自分ではなかなか気づかないものだ。

❽ お金に<u>潔癖な</u>人が経理を担当しているので安心だ。

❾ 地震で家が壊れた住民は、近所の小学校や中学校の体育館に<u>避難</u>した。

⑩ 増加する人口を抑制するために、正しい<u>避妊</u>の知識の普及が図られている。

⑪ 今のうちに何らかの対策を講じないと、戦争突入は<u>不可避</u>である。

⑫ 人に知られたら<u>恥ずかしい</u>と思うようなことは、初めからしない方がいい。

⑬ 人前で<u>恥</u>をかかされたら誰だって怒る。

⑭ 周りの人が自分の方を見ているのに気がついて、彼女は頬を染めて<u>恥じらった</u>。

⑮ 難病を<u>患う</u>人のために、政府は支援制度を設けている。

⑯ 普通に売られている牛乳は<u>殺菌</u>してあるので、かなり長持ちする。

⑰ 毎年夏は高原の<u>別荘</u>で過ごす。

⑱ ガードマンに<u>変装</u>した強盗が銀行を襲った。

⑲ 店の<u>装飾</u>は専門のデザイナーに任せている。

⑳ 監督は<u>衣装</u>のデザインが気に入らず、作り直させた。

㉑ パーティーには華やかに<u>装った</u>男女が集まっていた。

| 鈍 | 鋭 | 克 | 児 | 旧 | 慮 | 寧 | 寛 | 寂 |
|---|---|---|---|---|---|---|---|---|
| 1372 | 1373 | 1374 | 1375 | 1376 | 1377 | 1378 | 1379 | 1380 |

Ⅰ. 次の表現を勉強し、＿＿＿の言葉の意味と読み方を覚えなさい。

❶ 動き / 感覚 が <u>鈍い</u>

❷ <u>鋭い</u> ナイフ / 質問 / 指摘 / 感覚

❸ <u>鋭利</u>な刃物
　　　　　は もの

❹ <u>最新鋭</u>の戦闘機

❺ 困難 / 難病 / がん を <u>克服</u>する

❻ 闘病生活を<u>克明</u>に記録する
　　とうびょう

❼ 通行不能になった道路の<u>復旧工事</u>

❽ <u>丁寧</u>な 話し方 / 手紙 / 説明

❾ <u>寛容</u>な 性格 / 態度

❿ <u>寛大</u>な 処分 / 処置 / 態度

Ⅱ. 次の表現を比較し、＿＿＿の言葉の意味と読み方を覚えなさい。

❶ <u>敏感</u>な人　⟷　<u>鈍感</u>な人
　びん

❷ 家事　　<u>育児</u>

③ 小学校の<u>児童</u>　　中学校 / 高校 の生徒　　大学 / 大学院 の学生

❹ <u>小児科</u>　　産婦人科
　　　　　さん ふ じん

⑤ <u>旧約聖書</u>　　新約聖書

❻ <u>旧式</u>の 銃 / 大砲 / 武器　⟷　新式の 銃 / 大砲 / 武器
　　　　　じゅう　たいほう

Ⅲ. ＿＿＿の言葉の読み方を書きなさい。

① 年をとってくると、どうしても動作が<u>鈍って</u>くる。

❷ 警官は<u>鋭い</u>目で事件現場にいる人々を見渡した。
　　　　　　　　　げん ば

③ ゆっくり休んだので、明日への<u>鋭気</u>がみなぎってきた。

④ 増え続ける世界人口の抑制には<u>産児制限</u>が必要だという意見がある。

⑤ 経済の世界でも政治の世界でも、<u>新旧交代</u>はなかなか進まない。

❻ <u>遠慮</u>しながら意見を言うと、話し合いにとても時間がかかる。<u>遠慮</u>しないで率直に意見を言え
ば、会議の時間はずっと短くなる。

⑦ 給与を決める際には年齢や家族構成なども<u>考慮</u>してほしい。
　　　　　　　　　ねんれい

⑧ 運動会や修学旅行などの学校行事では、第一に児童や生徒の安全に<u>配慮</u>しなければならない。
　　　　しゅうがく

❾ 一人暮らしを始めた頃は、やはり少し<u>寂しく</u>感じたが、そんな寂しさにもすぐに慣れた。
　　　　　　　　　ころ

⑩ 炭鉱が閉山になり、あっという間に町が<u>寂れた</u>。
　　　　へいざん

⑪ 茶道の精神は▲<u>侘</u>びと<u>寂</u>だ。
　　　　　　　　　わ

❿ 夜の訪れとともに<u>**静寂**</u>が辺りを包んだ。

# 第 113 回

| 孤 | 触 | 踊 | 躍 | 焦 | 駐 | 循 | 衝 | 征 | 徐 | 斜 |
|---|---|---|---|---|---|---|---|---|---|---|
| 1381 | 1382 | 1383 | 1384 | 1385 | 1386 | 1387 | 1388 | 1389 | 1390 | 1391 |

Ⅰ. 次の表現を勉強し、＿＿＿の言葉の意味と読み方を覚えなさい。

❶ グループから孤立する

❷ 触ると壊れそうなガラス細工（ざいく）

❸ 法に触れる

④ カシミアの柔らかい感触

⑤ 法令 / 条例（じょうれい）に抵触する

❻ タンゴ / ワルツ / ジルバ を踊る

⑦ ブローカー / 黒幕（くろまく）が暗躍する

⑧ 話の論理が飛躍する

⑨ 躍動する世界経済

❿ 議論の焦点

⓫ ホテル / レストラン の駐車場

⑫ 衝撃に強い車

⑬ 国境付近に緩衝地帯を設ける（もう）

⑭ 斜面を滑り降りる（すべ）

Ⅱ. 次の表現を比較し、＿＿＿の言葉の意味と読み方を覚えなさい。

① 南海（なんかい）の孤島　　孤児　　中国残留（ざんりゅう）日本人孤児

❷ 魚 / パン が焦げる ― 魚 / パンを焦がす　③ 駐日大使　　駐米大使（べい）

❹ 悪循環に陥る（おちい） ⟷ 悪循環を断ち切る　⑤ 血液循環　　循環器　　空気の循環

❻ バスがトラックに衝突する　　バスとトラックが衝突する

❼ 征服する　　征服者

❽ 徐々に ⟷ 急速に / 急激に

❾ 斜めに線を引く　　斜線を引く

Ⅲ. ＿＿＿の言葉の読み方を書きなさい。

① 一人で生活していると言っても孤独なわけではない。会社の仲間（なかま）もいるし、友達もいる。

❷ 現在は世界のどの国もほかの国々から孤立して生きていくことはできない。

❸ 敵に囲まれて<u>孤立</u>した味方を助けるために、<u>救援</u>部隊が組織された。

❹ 姉は母に買ってもらったバイオリンを妹に<u>触らせ</u>ようとしなかった。

❺ 「展示品には手を<u>触れないで</u>ください。」

❻ 首相は記者会見では不況対策に一言も<u>触れなかった</u>。

❼ 家の前で車が<u>接触</u>事故を起こした。

⑧ 天然繊維と全く同じ<u>感触</u>の生地が開発された。

❾ <u>日本舞踊</u>を始めたのは五歳の時です。

❿ 私の<u>母校</u>の卒業生は、政治、経済、教育等の分野で大いに<u>活躍</u>している。

⓫ 今回の選挙では、自然保護を訴える政党が大<u>躍進</u>を遂げ、政治の表<u>舞</u>台に<u>躍り出た</u>。

⓬ 政治改革問題がようやく<u>一段</u>落し、国会の<u>焦点</u>が経済対策問題に移った。

⓭ 危険な時こそ、<u>焦らず</u>に慎重に行動しなければならない。

⓮ 電車とバスが<u>衝突</u>して大<u>惨事</u>になった。

⑮ ケネディ大統領暗殺事件は全世界の人々に大きな<u>衝撃</u>を与えた。

⑯ すてきな洋服や靴を見ると、<u>衝動的</u>に買ってしまう。

⑰ 外国との経済交渉では、外務省ではなく経済に関係する省庁の役人が<u>折衝</u>にあたることもある。

⑱ ギリシャを<u>征服</u>したアレクサンダー大王は、さらに<u>東方</u>に<u>進出</u>し、ギリシャから東インドに至る大帝国を建設した。

⑲ この道は人が大勢通るので、車は<u>徐行</u>しなければならない。

# 第 114 回

| 滑 | 潜 | 渇 | 沢 | 洪 | 津 | 浪 | 汁 | 渋 | 淡 | 滞 |
|---|---|---|---|---|---|---|---|---|---|---|
| 1392 | 1393 | 1394 | 1395 | 1396 | 1397 | 1398 | 1399 | 1400 | 1401 | 1402 |

Ⅰ．次の表現を勉強し、＿＿＿＿の言葉の意味と読み方を覚えなさい。

❶ 斜面を滑り降りる

❷ 滑らかに話す

③ 飛行機が滑走し、やがて離陸する

④ 空港の滑走路

❺ 計画 / 話し合い / 工事 が円滑に進む

❻ 潜在的な能力を開発する

❼ 潜在的な脅威
　　きょう い

❽ のどが渇く

⑨ 水源の水 / 資源 が枯渇する

⑩ 渇水のために作物が育たなくなる

⑪ 平和 / 愛情 を渇望する

⑫ 表面を磨いて光沢を出す
　　　みが

⑬ 光沢のある表面

⑭ 地震の後に津波が起こる

⑮ 時間 / お金 を浪費する

⑯ 柿を干して渋をとる
　かき

❼ 道路が渋滞する

⑱ 瀬戸内海に浮かぶ淡路島
　せ　と ないかい

⑲ 冷淡な態度

⑳ 家賃 / 税金 を滞納する

Ⅱ．次の表現を比較し、＿＿＿＿の言葉の意味と読み方を覚えなさい。

① 潜水　　潜水夫　　潜水艦
　　　　　　　　　　　　かん

❷ 水に潜る　　物陰に潜む　　敵の基地に潜入する
　　　　　もの かげ

❸ 金沢市　　沢田さん　　中国の毛沢東

❹ 干ばつ　　　洪水
　かん

❺ みそ汁　　果物の汁　　果汁

❻ 池袋　　新宿　　渋谷
　いけぶくろ　しんじゅく

❼ 茶色などの渋い色　　ベージュなどの淡い色

❽ 淡泊な味　⟷　濃厚な味
　　　　　　　　のうこう

⑨ 海水　⟷　淡水

40

Ⅲ. _____の言葉の読み方を書きなさい。

① 子供の時は潜水で 50 メートル泳げたが、今はたぶん無理だろう。

❷ 私は山登りも好きだし、沢登りも好きだ。

③ 息子は去年受験に失敗して、今は浪人をしている。

❹ 車を買ってくれと言ったら、父は渋い顔をした。

⑤ 出資を渋る相手を説得するためには、十分なデータが必要だ。
　しゅっし

❻ 支持されない政策でも、政治家には苦渋の選択をしなければならない時がある。

⑦ 社長はライバル会社に新製品情報が漏れたという報告を聞いて、渋面を作った。
　　　　　　　　　　　　　　　　　　　　　　　も

❽ あんなに優しかった彼が、こんなに冷淡になるなんて信じられない。

⑨ 墨絵では、墨の濃淡だけでいろいろな色を表現する。
　すみえ

⑩ 10 日間の旅行と言っても、現地での滞在期間はほんの 1 週間だ。
　　　　　　　　　　　　　　　げんち

⑪ 経済の状態が思わしくなく、どの業界も沈滞した空気に包まれている。
　　　　　　　　　　　　　ぎょうかい

❷ 会社のお盆休みで滞っていた仕事を、昨日と今日で一気に片付けた。
　　　　　　　　　　　　　　　　　　　　　　　　いっき

| 肯 | 齢 | 履 | 奮 | 奪 | 獲 | 穫 | 猫 |
|---|---|---|---|---|---|---|---|
| 1403 | 1404 | 1405 | 1406 | 1407 | 1408 | 1409 | 1410 |

Ⅰ．次の表現を勉強し、＿＿＿＿の言葉の意味と読み方を覚えなさい。

❶ 履歴書を送る

② 契約／約束 を履行する

❸ 靴を履く

❹ 現金強奪事件

⑤ 敵に占領されていた陣地を奪回する

⑥ 真紅の優勝旗の争奪戦

❼ 優勝賞金 1,000 万円を獲得する

⑧ さんま／まぐろ／かに の漁獲高

Ⅱ．次の表現を比較し、＿＿＿＿の言葉の意味と読み方を覚えなさい。

❶ 肯定文 ⟷ 否定文

② 魚の漁獲高　　作物の収穫高

❸ 作物を収穫する　　収穫高　　収穫期

❹ 猫　　山猫

Ⅲ．＿＿＿＿の言葉の読み方を書きなさい。

❶ 噂の真偽を確かめようとして本人に聞いてみたが、彼は「想像にお任せします」と言って、肯定も否定もしなかった。

❷ 悲観的な人は物事を否定的に、楽観的な人は物事を肯定的に見る。

❸ 性別や年齢を理由にした解雇は違法だ。

④ 高齢者の割合が増加して高齢化社会になると、従来とは異なる政策が必要になる。

❺ 和服の時は普通草履を履くが、先日見た着物ショーでは、前衛的なデザインの着物を着たモデルがハイヒールを履いていた。

❻ ボクシングの試合に興奮して大声を出してしまった。

⑦ 高校を卒業して仕事に就いていた弟は、「やはり大学に行かなければ」と考えて奮起し、この 4 月に大学に入学した。

❽ 将軍のスピーチは兵士を**奮い立たせ**、不利な戦いを勝利に導いた。

❾ 犯人は、車を降りて銀行に入ろうとする銀行員から現金の入ったかばんを**奪い**、近くに置いてあった車に乗り込み、逃走した。

⑩ 兵士たちは敵の城から**略奪**したものを山分けにした。

⑪ **乱獲**により様々な動物が絶滅しようとしている。そこで、野生動物の保護のためにワシントン条約がつくられ、絶滅の危機にある動物の**捕獲**が禁止された。

⑫ 今日の**獲物**はきつね一匹だった。

⑬ **収穫期**は**猫**の手も借りたいほど忙しい。

| 薦 | 廃 | 庶 | 麻 | 摩 | 擦 | 邪 | 魔 | 魅 | 酸 |
|---|---|---|---|---|---|---|---|---|---|
| 1411 | 1412 | 1413 | 1414 | 1415 | 1416 | 1417 | 1418 | 1419 | 1420 |

Ⅰ．次の表現を勉強し、＿＿＿＿の言葉の意味と読み方を覚えなさい。

❶ 先生に**推薦状**を書いてもらう

❷ 身分制度 / 奴隷制度 / 死刑 を**廃止**する
　　　　　　どれい

③ **退廃的**な 文化 / 生活

❹ **風邪**をひく

❺ **邪魔**な物をどけてスペースをつくる

⑥ **魔法**をかけて眠らせる

❼ **魅力的**な 人 / 男性 / 女性

Ⅱ．次の表現を比較し、＿＿＿＿の言葉の意味と読み方を覚えなさい。

❶ 学生を会社に**推薦**する　　学生に会社を**薦める**

② **庶務**課　　経理課　　人事課

❸ **麻薬**　　**大麻**　　**覚醒剤**
　　　　　　　　　　　かくせい

④ **擦り傷**　　切り傷

⑤ 天使と**悪魔**　　**魔術**　　**魔法**　　**魔法使い**

⑥ **酸性**　　中性　　アルカリ性

⑦ **酸素**　　水素　　二酸化炭素

Ⅲ．＿＿＿＿の言葉の読み方を書きなさい。

❶ **推薦者**にはそれなりの責任があるので、**安易**に**推薦状**を書くわけにはいかない。
　　　　　　　　　　　　　　　　　あんい

② 事業に失敗して家族や親戚に見捨てられた彼は、とうとう**廃人**のようになってしまった。
　　　　　　　　しんせき

❸ 都市化が進んで、伝統の祭りが**廃れて**しまった。

❹ **庶民**が豊かで幸せに暮らすことができる国でなければ、いい国とは言えない。

⑤ 最近はすごくきれいな女優より**庶民的**な女優の方が人気があるようだ。

❻ 宇宙船は、地球に戻る時、大気圏突入の時の**摩擦**によって燃えてしまわないように工夫されている。

❼ 会社の中の複雑な人間関係は、人と人の間に様々な**摩擦**を引き起こす。

❽ この**麻**のシャツは襟が**擦れて**痛い。
<small>えり</small>

⑨ 受験生の兄の勉強の**邪魔**をして、母に**叱**られた。
<small>しか</small>

⑩ 昨日は、彼女と二人だけでいるところに**邪魔**が入って、悔しい思いをした。

⑪ 人に恐怖感を与えて物を売るのは**邪道**だ。

⑫ 人心を惑わせ、社会の秩序を害するとされる宗教を、**邪教**と言う。
<small>じんしん</small>

⑬ 相手のことをいくらいい人だと思っても、異性としての**魅力**を感じなければ、恋人にはならな
<small>いせい</small>
　いだろう。

⑭ 地球温暖化やオゾンホールとともに、**酸性雨**が現在地球規模の問題となっている。

⑮ 鉄は**酸化**すると赤みを帯びてくる。
<small>お</small>

⑯ まだ熟していないりんごやみかんは**酸っぱい**。

# 第 5 水準
## (Level 5)

第 117 回～第 137 回

| 伏 | 伐 | 伴 | 俊 | 倹 | 俵 | 俸 | 偽 | 傍 | 僧 |
|---|---|---|---|---|---|---|---|---|---|
| 1421 | 1422 | 1423 | 1424 | 1425 | 1426 | 1427 | 1428 | 1429 | 1430 |
| 傑 | 吐 | 唆 | 喝 | 喚 | 嘆 | 嘱 | 塔 | 塀 | 壇 |
| 1431 | 1432 | 1433 | 1434 | 1435 | 1436 | 1437 | 1438 | 1439 | 1440 |

Ⅰ. 次の表現を勉強し、＿＿＿＿の言葉の意味と読み方を覚えなさい。

❶ 病気の潜伏期間

❷ 森林 / 木 / 樹木 を伐採する

❸ 偽物のブランド商品

❹ 裁判を傍聴する

❺ 出家して僧になる
　　　しゅっけ

❻ 示唆に富んだ話

❼ 奈良・法隆寺の五重の塔
　　なら　ほうりゅうじ

❽ 公園の花壇

Ⅱ. 次の表現を比較し、＿＿＿＿の言葉の意味と読み方を覚えなさい。

❶ 偽物 ←→ 本物

❷ 窃盗　詐欺　恐喝
　　せっとう　さぎ

Ⅲ. ＿＿＿＿の言葉の読み方を書きなさい。

❶ ベッドの上にうつ伏せになって、背中をマッサージしてもらった。

② 推理小説では、事件を自然に展開させるために様々な伏線が張られている。

❸ 大統領は家族を伴ってゆっくりと壇上に上がった。

❹ 欧米ではパーティーなどにはパートナーを同伴するのが普通だ。

❺ 50年に一人の俊才と騒がれていた彼も、今は平凡なサラリーマンだ。

❻ 生活費を倹約して本を買おう。

❼ 相撲の土俵は今でも女人禁制とされている。
　　すもう　　　　　にょにん

❽ 米俵1俵の重さは約60キロだ。

❾ **年俸**10万ドルあれば、かなりいい生活ができる国もある。

❿ 彼はこれまでも**偽名**を使い、職業を**偽って**暮らしてきた。

⓫ 私は日本語を勉強する時はいつも**傍ら**に電子辞書を置いている。

⓬ ミケランジェロは、絵画だけでなく彫刻でも数々の**傑作**を残している。

⓭ 気温が下がると**吐く**息が白くなる。

⑭ 二日酔いで**吐き気**がする。

⑮ 帰宅後、彼は突然**吐血**し、すぐに病院に運ばれたが、着いた時はすでに手遅れだった。

⑯ 彼がそんな悪いことをするはずがない。きっと誰かに**唆された**のだろう。

⑰ スキャンダルの渦中にある与党議員の**証人喚問**を野党が要求したが、与党は拒否した。

⑱ トップランナーがスタジアムに入ってくると、観衆は大きな**喚声**を揚げた。

⑲ テントから外に出ると、空は一面の星空だった。私は思わず**感嘆**の声を揚げた。

⑳ 済んだことを**嘆いて**もしかたがない。これからどうするかを考えることが先決だ。

㉑ 電車の中で大騒ぎをする酔っ払いは、同じ大人として嘆かわしい。

㉒ この3月に大学を退職した父は、4月から文部科学省の大学教育審議会の委員を**委嘱**された。

㉓ 地震でコンクリートの**塀**が倒れて、大勢の人がけがをした。

㉔ ダムを作る計画は、**土壇場**になって変更された。

| 如 | 姻 | 岐 | 帆 | 壮 | 弦 | 弧 | 径 | 衡 | 怪 |
|---|---|---|---|---|---|---|---|---|---|
| 1441 | 1442 | 1443 | 1444 | 1445 | 1446 | 1447 | 1448 | 1449 | 1450 |
| 怖 | 恨 | 悦 | 悟 | 惜 | 悼 | 惨 | 愉 | 慌 | 惰 |
| 1451 | 1452 | 1453 | 1454 | 1455 | 1456 | 1457 | 1458 | 1459 | 1460 |

Ⅰ. 次の表現を勉強し、＿＿＿の言葉の意味と読み方を覚えなさい。

❶ 知識 / 常識 / 想像力 の <u>欠如</u>

❷ 役所に<u>婚姻届</u>を出す

❸ <u>壮大な</u> 計画 / 構想 / 建造物
けんぞうぶつ

④ 貿易不<u>均衡</u>の是正
ぜ せい

❺ <u>悦楽</u>にふける

❻ <u>愛惜の情</u>を禁じ得ない
え

❼ 1929 年の世界大<u>恐慌</u>

Ⅱ. 次の表現を比較し、＿＿＿の言葉の意味と読み方を覚えなさい。

❶ ヨットの<u>帆</u>　　<u>帆</u>をあげる

❷ <u>帆船</u>　　<u>帆走</u>する　　～に向けて<u>出帆</u>する

❸ ギターの<u>弦</u>　　弓の弦

④ 円の<u>直径</u>　　<u>半径</u>

❺ <u>均衡</u>を 取る / 保つ　　<u>均衡</u>が崩れる
くず

❻ <u>故人</u>を<u>悼む</u>　　<u>追悼式</u>
こじん

Ⅲ. ＿＿＿の言葉の読み方を書きなさい。

❶ 死傷者数が被害のひどさを<u>如実</u>に物語っている。

❷ 長引く不況の中で、伝統的な日本の雇用制度は<u>岐路に立たされた</u>。

❸ <u>弧</u>を描いて飛んでいた鳥は、獲物を見つけると、<u>翼</u>を閉じて<u>急降下</u>を始めた。
つばさ　　　　きゅうこう か

④ 需要と供給の<u>均衡</u>が保てなくなることで、インフレやデフレが生じると言われている。
しょう

❺ 昨日からうちの周りを<u>怪しい</u>男がうろうろしていて気持ちが悪い。それで、警察に電話をした。

❻ 日本で<u>怪談</u>と言えば、「四谷<u>怪談</u>」と「番町皿屋敷」が有名だ。
よつや　　　　ばんちょうさら や しき

❼ <u>怖い</u>、<u>怖い</u>と思っていると、ますます<u>恐怖</u>が募ってくる。

❽ 人を<u>恨ん</u>でいると、顔つきまで変わってくる。

❾ 戦場<sub>せんじょう</sub>で仲間を見捨<sub>と</sub>てて逃げてしまったことで、一生<u>悔恨</u>の念に捕らわれ続けた。

❿ *釈￪迦は￪菩提樹の木の下で<u>悟り</u>を開いたと言われている。（*「しゃか」は常用漢字外の読み方。）
　　しゃ　か　　ほ　だいじゅ

⓫ 追いつめられた犯人は、とうとう<u>覚悟</u>を決めて警察に自首した。

⓬ 空港で恋人同士<sub>どう　し</sub>が別れを<u>惜しん</u>だ。

⓭ A：テスト、何点だった？

　　B：79点。

　　A：あと1点で合格だったんじゃないか！　<u>惜しい</u>！

⓮ 「<u>負け惜しみ</u>を言うくらいならもっと頑張<sub>がん　ば</sub>りなさい」と母に言われた。

⓯ 子供の頃<sub>ころ</sub>うちは貧乏で、家が狭い上に兄弟が6人もいて、本当に悲惨な生活で、いつも惨めな気持ちだった。

⓰ 大学時代は愉快な仲間がいて、本当に楽しい毎日だった。

⓱ <u>慌てて</u>家を出ると、必ず何か忘れ物をしてしまう。

⓲ 東京にいた頃<sub>ころ</sub>は<u>慌ただしい</u>毎日で、自分の将来を考える余裕は全くなかった。

⓳ 惰性で毎日を送っていると、何も達成することができない。物事は目的をもってこそ、達成できる。

# 第 119 回

| 慨 | 憎 | 懐 | 憾 | 抄 | 扶 | 把 | 披 | 拘 | 拙 |
|---|---|---|---|---|---|---|---|---|---|
| 1461 | 1462 | 1463 | 1464 | 1465 | 1466 | 1467 | 1468 | 1469 | 1470 |
| 抹 | 括 | 挟 | 拷 | 捜 | 措 | 掛 | 挿 | 控 | 据 |
| 1471 | 1472 | 1473 | 1474 | 1475 | 1476 | 1477 | 1478 | 1479 | 1480 |

Ⅰ. 次の表現を勉強し、＿＿＿の言葉の意味と読み方を覚えなさい。

❶ <u>懐中電灯</u>をつける

② <u>懐古趣味</u>の 時計 / かばん / 眼鏡（めがね）

❸ 状況を<u>把握</u>する

❹ 結婚式の<u>**披露宴**</u>

❺ 容疑者の身柄を<u>**拘束**</u>する（みがら）

❻ <u>**稚拙な**</u> 計画 / 犯罪 / 考え

❼ 名前を 名簿（めいぼ）/ 戸籍（こせき）から<u>**抹消**</u>する

❽ 敵を東西両側（とうざい）から<u>**挟撃**</u>する

❾ 適切な<u>**措置**</u>を講じる

❿ 壁にカレンダーを<u>**掛ける**</u>

⓫ 家具や電気製品を指定の位置に<u>**据える**</u>

Ⅱ. 次の表現を比較し、＿＿＿の言葉の意味と読み方を覚えなさい。

❶ <u>**拷問**</u>にかける ― <u>拷問</u>を受ける

❷ 事件の<u>**捜査**</u>　行方不明者の<u>捜索</u>

❸ なくした物 / いなくなった人 / 犯人 を<u>**捜す**</u>　仕事を探す

❹ 受験者の<u>**控室**</u>　駅の待合室

Ⅲ. ＿＿＿の言葉の読み方を書きなさい。

❶「深く愛した分、別れた時の<u>**憎しみ**</u>は深くなる」などと言われると、人間の<u>**愛憎**</u>の恐ろしさを感じる。

❷ その技術者は、ビデオテープを開発した頃（ころ）のことを<u>**懐かしんで**</u> <u>感慨</u>深げ（ぶか）に話した。

③ ボーナスをもらうと急に<u>懐</u>が暖かくなる。<u>懐</u>が暖かくなると気が大きくなる。気が大きくなると大きな買い物をしてしまう。大きな買い物をするとすぐに<u>懐</u>が寂しくなる。

52

❹ 与党議員への不正政治献金事件が起こるたびに、首相は「**遺憾に思います**」を繰り返すが、政治改革はいっこうに進まない。

❺ 『源氏物語』の**抄訳**と解説は読んだことがあるが、全部はまだ読んでいない。

❻ 彼女の日本語は**拙い**ながらも熱意（ねつい）が感じられて、聞いている人の心を打った。

❼ 「**拙い**文章ですが、お読みいただければ幸いです。」

❽ 多国間の**包括的な**貿易交渉は、難航（なんこう）している。

❾ 彼と私はテーブルを**挟んで**向かい合って座った。

❿ なくした物は**捜して**いる時にはなかなか出てこないが、ふとした時に出てくる。

⓫ パソコンだと文字の**挿入**や削除が簡単にできる。

⓬ 子供の頃（ころ）に読んだ童話の本には、ほとんどのページに**挿絵**が入っていた。

⓭ **扶養家族**があると、その分、課税額が**控除**され、税金が安くなることがある。

⑭ 彼はお酒を飲みすぎたのか、**目が据わって**きて怖かった。

---

〈形容詞と動詞〉

<u>憎い</u>　　　—　<u>憎む</u>

<u>憎らしい</u>　—　<u>憎む</u>

<u>懐かしい</u>　—　**懐かしむ**

<u>怪しい</u>　　—　<u>怪しむ</u>

<u>恨めしい</u>　—　<u>恨む</u>

| 揚 | 摂 | 搭 | 搾 | 操 | 携 | 搬 | 撤 | 撲 | 擁 |
|---|---|---|---|---|---|---|---|---|---|
| 1481 | 1482 | 1483 | 1484 | 1485 | 1486 | 1487 | 1488 | 1489 | 1490 |
| 汽 | 泌 | 泥 | 沸 | 浄 | 浸 | 涯 | 渦 | 溝 | 滅 |
| 1491 | 1492 | 1493 | 1494 | 1495 | 1496 | 1497 | 1498 | 1499 | 1500 |

Ⅰ．次の表現を勉強し、＿＿＿＿の言葉の意味と読み方を覚えなさい。

❶ 国旗を揚げる
こっき

❷ 外国の文化を摂取する

❸ 飛行機の搭乗券

❹ 外国語 / 機械 を操る

⑤ 研究 / 調査 / 教育 に携わる

❻ ホルモン / 唾液 / 胃液 の分泌
　　　　　　だえき

⑦ ふきんを煮沸消毒する

❽ 大気 / 河川 / 政治 の浄化

❾ 絶滅の危機にある動物を保護する

Ⅱ．次の表現を比較し、＿＿＿＿の言葉の意味と読み方を覚えなさい。

❶ 自動車の運転　　飛行機の操縦　　機械の操作

❷ 携帯電話　　固定電話

❸ 運搬　　搬入　←→　搬出

❹ 相撲　　相撲取り

❺ 憲法改正論　←→　憲法擁護論

❻ 汽船　　汽車　　汽笛
　　　　　　　　　てき

⑦ 泥棒　　窃盗犯
　　　　　せっとうはん

❽ お湯 / お風呂 を沸かす ─ お湯 / お風呂 が沸く
　　　　　ふろ

❾ 床上浸水　　床下浸水
　ゆかうえ　　ゆかした

❿ 溝　　排水溝　　下水溝

Ⅲ．＿＿＿＿の言葉の読み方を書きなさい。

❶ 入試の合格発表を見に行った息子は、合格と知って意気揚々と帰ってきた。
　にゅうし

❷ 資本家が労働者から不当な搾取をしているという見方は、日本の企業の場合は当てはまらない
　　　　　　　　　　　　ふとう
　ようだ。

❸ <u>搾り</u>たてのオレンジジュースは本当においしい。

❹ 食品の遺伝子<u>操作</u>には賛否両論がある。

⑤ 首相はしばしば影の権力者の<u>操り人形</u>になっていた。

❻ 旧友が手土産を<u>携えて</u>遊びに来てくれた。

❼ 昨日の夜、階段を踏み外して転んでしまった。切り傷や擦り傷はなかったが、<u>打撲傷</u>で膝が真っ青になってしまった。

❽ 教え方の上手な先生に習うのと下手な先生に習うのとでは、<u>雲泥の差</u>だ。

❾ 水の<u>沸点</u>は 100℃ である。

❿ 大雨による洪水で、畳が<u>水浸しになった</u>上に<u>泥</u>だらけになった。

⓫ ある調査によると、東京に住む若い人のうち約50%は、<u>生涯</u>独身で過ごしてもいいと思っているらしい。

⑫ 初めて自分で洗濯をした時は、洗濯機の中の<u>渦</u>を意味もなくしばらく眺めていた。

⓭ 銀河系は<u>渦巻き</u>の形をしているとされている。

⓮ <u>渦中の人</u>が自宅から出てくると、マスコミ関係者がどっと彼を取り巻き、マイクを突きつけた。

⓯ インカ帝国はスペイン人によって<u>滅ぼされた</u>。

〈「撤」を使った言葉〉

前言 / 処分 を<u>撤回</u>する
バリケード / 障害物 / 自動販売機 を<u>撤去</u>する
軍が戦場から<u>撤退</u>する
企業がマーケットから<u>撤退</u>する

| 溶 | 漏 | 漸 | 滴 | 漆 | 漬 | 漂 | 潮 | 潤 | 澄 |
|---|---|---|---|---|---|---|---|---|---|
| 1501 | 1502 | 1503 | 1504 | 1505 | 1506 | 1507 | 1508 | 1509 | 1510 |
| 濁 | 濫 | 狂 | 狩 | 猟 | 猛 | 猶 | 獄 | 阻 | 附 |
| 1511 | 1512 | 1513 | 1514 | 1515 | 1516 | 1517 | 1518 | 1519 | 1520 |

Ⅰ．次の表現を勉強し、＿＿＿の言葉の意味と読み方を覚えなさい。

① 食塩の<u>水溶液</u>

❷ 雨の<u>滴</u>が目に入る

❸ 額から汗が<u>滴る</u>

❹ <u>漆</u>塗りの タンス /<u>櫛</u>／ 重箱
　 　　 ぬ　　　　　　　　　くし　じゅうばこ

❺ 木の葉が湖面に<u>漂う</u>

⑥ 髪の<u>潤い</u>を守るシャンプー

❼ 目頭が<u>潤んで</u>くる
　 め がしら

❽ 橋が<u>濁流</u>に流される

❾ <u>熱狂的な</u>ファン

❿ <u>狩猟</u>採集生活

⓫ <u>勇猛な</u>戦士

⓬ 法案の成立 / ダムの建設 / 原子力潜水艦の入港 を<u>阻止</u>する
　 　　　　　　　　　　　　　　　　　　　　かん　にゅうこう

⓭ <u>附属</u>病院 / 図書館 / 中学・高校

Ⅱ．次の表現を比較し、＿＿＿の言葉の意味と読み方を覚えなさい。

❶ 金属 / 鉄 / 岩 が<u>溶ける</u>　　塩 / 砂糖 が水に<u>溶ける</u>　　雪 / 氷 / 問題 が<u>解ける</u>

② 天井から雨が<u>漏る</u>　　ガスが<u>漏れる</u>　　情報が<u>漏れる</u>　　情報 / 秘密 を<u>漏らす</u>

❸ <u>漏水</u>　　<u>漏電</u>
　 すい

❹ 陶器　　磁器　　<u>漆器</u>
　 とう　　じ

⑤ <u>潤沢な</u>資金　　<u>湿潤な</u>気候

❻ 水が<u>濁る</u>　⟷　水が<u>澄む</u>

❼ 気が<u>狂う</u>　　調子が<u>狂う</u>

❽ <u>狩り</u>　　ぶどう<u>狩り</u>　　いちご<u>狩り</u>

❾ <u>猟師</u>　　<u>猟犬</u>　　<u>猟銃</u>
　 　　　　　　　　　　 じゅう

❿ 借金の返済<u>猶予</u>期間　　刑の執行<u>猶予</u>
　 　　　　　　　　　　　　　　 しっこう

⓫ 天国　⟷　<u>地獄</u>

56

Ⅲ. _____の言葉の読み方を書きなさい。

❶ 海底火山の噴火で出てきた<u>溶岩</u>が固まって、新しい島ができることがある。

❷ うちの家は建ててからもう 40 年近くなり、大雨が降るとあちこちで<u>雨漏り</u>がする。

③ この傘は穴があいていて雨が<u>漏る</u>。

❹ 政府の一部には消費税の税率を<u>漸次</u>引き上げていくという考え方があるようだ。

❺ ぽとぽとと天井から<u>水滴</u>が落ちてくる。

❻ <u>漬物</u>を長く<u>漬け</u>すぎると、まずくなる。

❼ 湯飲みやコーヒーカップを<u>漂白</u>したら、新品のように真っ白になった。

❽ 現代の若者の間には、人生や政治についてまじめに話すのは格好悪いと考える<u>風潮</u>がある。

❾ <u>潮</u>の満ち引き時間は日によって異なる。

⑩ ホテルの窓を開けると、カモメの鳴き声と心地よい<u>潮風</u>が入ってきた。

⓫ お酒は人間関係の<u>潤滑油</u>だ。

⓬ 突然、町の外れで石油が出たことから、町の財政は大いに<u>潤った</u>。

⓭ 森林の<u>濫伐</u>は様々な災害を引き起こすので、現在では計画的に伐採が行われている。

⓮ 極端な貧富の差と古い社会慣習がこの国の近代化を<u>阻んで</u>いる。

| 陛 | 陥 | 陣 | 陳 | 陰 | 陶 | 旋 | 旗 | 朴 | 枢 |
|---|---|---|---|---|---|---|---|---|---|
| 1521 | 1522 | 1523 | 1524 | 1525 | 1526 | 1527 | 1528 | 1529 | 1530 |
| 栓 | 桟 | 棟 | 棺 | 棋 | 棚 | 槽 | 欄 | 殉 | 殖 |
| 1531 | 1532 | 1533 | 1534 | 1535 | 1536 | 1537 | 1538 | 1539 | 1540 |

Ⅰ. 次の表現を勉強し、＿＿＿の言葉の意味と読み方を覚えなさい。

❶ 危機 / 狂気 / 錯覚 に陥る
さっかく

❷ 敵を▲罠に陥れる
わな

❸ 商品を陳列する

❹ 琴 / ピアノ の美しい旋律
こと

❺ 素朴な(性格の)人

❻ 栓抜きでビールの栓を抜く

⑦ 問題 / 法案 / 処分 を棚上げにする

❽ 新聞や雑誌の投書欄

❾ 真珠 / かき / うなぎ の養殖
しんじゅ

Ⅱ. 次の表現を比較し、＿＿＿の言葉の意味と読み方を覚えなさい。

❶ 天皇陛下　　皇后陛下　　女王陛下
こうごう

❷ 欠陥商品　　欠陥自動車

❸ 経営陣　　首脳陣　　報道陣

④ 西側陣営　⟷　東側陣営

❺ 陰気な人　⟷　陽気な人

❻ 陶器　　磁器　　漆器
じ

❼ 国旗　　校旗　　旗

❽ 脳の中の言語中枢　　中枢神経系

❾ 病棟　　小児病棟

❿ 棺▲桶　　出棺
おけ

⓫ 囲碁　　将棋
いご

⓬ 棚　　本棚　　食器棚　　戸棚

⓭ 浴室　　浴槽　　熱帯魚の水槽

⓮ 殉職する　　殉教　　殉教者　　殉死する

58

Ⅲ.＿＿＿＿の言葉の読み方を書きなさい。

① 新社長が経営改革の<u>陣頭</u>に立って指揮をした。

② 警察官の不祥事があるたびに、その人の上司や警察署長などが市民に対して<u>陳謝</u>する。

③ 予算編成の時期になると、多くの団体や地方自治体の長が政治家に<u>陳情</u>に行く。

④ <u>日陰</u>と日なたではかなりの温度差がある。

❺ 月見草は、夕方になり日が<u>陰って</u>くると、花が開く。

⑥ 丘の上で戦況を見ていた指令官は、味方の<u>旗色</u>が悪くなると、すぐに全軍に退却を命じた。

❼ 港の<u>桟橋</u>には２隻の大型客船が停泊していた。

❽ この火事で住宅<u>3棟</u>が全焼した。

❾ 株式投資で資産を<u>殖やそう</u>とした人は、株価が暴落した今はひどい目にあっている。

| 班 | 祥 | 禍 | 胎 | 脚 | 膜 | 騰 | 眺 | 矯 | 砕 |
|------|------|------|------|------|------|------|------|------|------|
| 1541 | 1542 | 1543 | 1544 | 1545 | 1546 | 1547 | 1548 | 1549 | 1550 |
| 硫 | 硝 | 礁 | 称 | 襟 | 褐 | 粉 | 粒 | 粘 | 粗 |
| 1551 | 1552 | 1553 | 1554 | 1555 | 1556 | 1557 | 1558 | 1559 | 1560 |

Ⅰ. 次の表現を勉強し、＿＿＿の言葉の意味と読み方を覚えなさい。

① 警察官 / 自衛官 の不祥事

❷ 椅子 / テーブル の脚
（いす）

❸ 諸国を行脚して回る

❹ 物価 / 地価 / 株価 の 高騰 / 暴騰

❺ 屋上に上ると眺望がきく

❻ 素晴らしい眺め

❼ コンタクトレンズで視力を矯正する

❽ 岩 / 夢 / 野望 を砕く
（やぼう）

❾ 石 / 岩 / 法案 を粉砕する

❿ コートの襟を立てる

⓫ 胸襟を開いて話し合う

⓬ 漁師たちの日に焼けた褐色の肌

⓭ 米 / 麦 / コーヒー豆 の粒

⓮ 粘り強く 交渉する / 研究する

⑮ 物語の粗筋

Ⅱ. 次の表現を比較し、＿＿＿の言葉の意味と読み方を覚えなさい。

❶ 映画 / ドラマ / 芝居 の脚本　　脚本家

❷ 膜　　胃 / 喉 / 鼻 の粘膜
（のど）（ねん）

③ 水が沸騰する　　お湯が沸く

❹ 塩酸　　硫酸　　硝酸

❺ 暗礁　　岩礁　　珊瑚礁
（さん）（ご）

❻ 小麦粉　　粉雪　　粉

❼ 粉末の薬　　顆粒の薬　　錠剤
（か）　　（じょうざい）

❽ 砂　　土　　粘土

❾ 粗大ゴミ　　粗末な 食事 / 服装

❿ 粒の粗い砂　⟷　粒の細かい砂

Ⅲ. ＿＿＿＿の言葉の読み方を書きなさい。

❶ 生徒を<u>班</u>に分けて、それぞれの<u>班</u>で<u>班</u>長を決める。

❷ メソポタミアは古代文明の<u>発祥の地</u>である。

③「ますますご<u>清祥</u>のこととお *<u>慶</u>び申し上げます。」（正式な手紙の最初の言葉）
　　（ * 「よろこ（び）」は常用漢字外の読み方。）

❹ 道路や空港の建設は多くの国民の協力の上に成り立つものなので、その計画と実行にあたって
　は将来に<u>禍根</u>を残さないように十分に話し合いが行われなければならない。

❺ 妊婦の喫煙は、<u>胎児</u>に悪影響を及ぼす。

❻ 女優として舞台に立ち<u>脚光</u>を浴びる日を夢見て、日々歌や踊りの練習に励んでいる。

⑦ 水は0℃で凍り、100℃で<u>沸騰</u>する。

⑧ 火山の噴火口に近づくと強い<u>硫黄</u>の臭いがした。

❾ 犯人と思われた男のアリバイが成立して、捜査は<u>暗礁</u>に乗り上げた。

❿ 新製品を発売する時には、その商品の<u>名称</u>が慎重に検討される。売り上げに大きく影響するか
　らである。

⑪ 誰でも人々から<u>称賛</u>を受けたい。しかし、実際に受けられるのはごく少数の人だけである。

⑫ <u>粘着</u>テープには、主として、事務用のセロハンテープと電気工事用のビニールテープと作業用
　のガムテープの３種類がある。

❸ この写真は安いカメラで撮ったので、<u>粒子</u>が<u>粗</u>い。

| 糾 | 紺 | 紡 | 紋 | 絞 | 綱 | 網 | 縄 | 縛 | 緯 |
|---|---|---|---|---|---|---|---|---|---|
| 1561 | 1562 | 1563 | 1564 | 1565 | 1566 | 1567 | 1568 | 1569 | 1570 |
| 縫 | 繕 | 舶 | 託 | 詐 | 詰 | 該 | 諾 | 諭 | 諮 |
| 1571 | 1572 | 1573 | 1574 | 1575 | 1576 | 1577 | 1578 | 1579 | 1580 |

Ⅰ. 次の表現を勉強し、＿＿＿の言葉の意味と読み方を覚えなさい。

❶ 会議が**紛糾**する

❷ **紺**のブレザー

❸ 糸を**紡ぐ**

❹ 首を**絞める**

⑤ 政治改革大**綱**

❻ 党の**綱領**

❼ 自由を**束縛**する

❽ 手 / 足 / 体 をロープで**縛る**

❾ これまでの 話し合い / 事件 の**経緯**

❿ 表面 / 体裁 / 世間体 を**繕う**

⓫ 学歴を**詐称**する

⓬ 荷物をかばんに**詰める**

⑬ 果物の缶**詰**

⓮ **詰問**するような態度で話す

⓯ 幼稚園 / 小学校 / 中学校 / 高校 **教諭**

Ⅱ. 次の表現を比較し、＿＿＿の言葉の意味と読み方を覚えなさい。

❶ **紡績業**　　織物業
　　　　　　おりもの

❷ タオルを**絞る**　　論文のテーマを**絞る**

❸ **絞殺**する　　絞首刑

❹ **網**　　網戸

❺ **通信網**　　交通網

❻ 糸　　▲紐　　縄　　綱
　　　　ひも

⑦ **緯度**　　北**緯**　　南**緯**　　経度　　東経　　西経
　　　　　　　　　　　　　　　　　とうけい　　せいけい

❽ 屋根を**修繕**する　　機械 / 電気製品 / 車 / 時計 を修理する

⑨ 息が**詰まる**　　排水のパイプが**詰まる**

⑩ 事業が行き**詰まる**　　資金繰りに行き**詰まる**
　　　　　　　　　　　　　　　　　　　ぐ

Ⅲ. _____の言葉の読み方を書きなさい。

❶ ガリレオの地動説（ちどうせつ）は、当時のヨーロッパの宗教界に大きな波紋を呼んだ。

② 相撲の三役というと、小結（こむすび）、関脇（せきわけ）、大関（おおぜき）で、最高位に横綱がいる（い）。

③ 素晴らしい自然が残る沖縄にも、環境破壊の波が押し寄せている。

④ 東京は北緯35度、東経（とうけい）140度くらいのところに位置している。

❺ 母は裁縫が得意だったので、私が子供の時はよくブラウスやスカートを縫ってくれた。

❻ 台風の影響で船舶ならびに航空機は全面（ぜんめん）的にストップしている。

❼ 自分の果たせなかった夢を子供に託すというのは親のエゴだ。

⑧ この国には信託銀行はあるが、投資銀行はない。

⑨ 少年はショーウインドーの中のトランペットをじっと見詰めていた。

❿ 「渡航（とこう）の目的は何ですか。該当するものを選んでください。
　　１．観光　　２．商用（しょうよう）　　３．その他」

⓫ 中学生以下の人は、親の承諾がないとこのクラブに入会できない。

⑫ 1945年8月14日、日本はポツダム宣言を受諾（こく）し、連合国に無条件降伏（こうふく）した。

⑬ 私の本の翻訳の仕事を頼んだところ、忙しいにもかかわらず彼女は快諾してくれた。

⑭ 子供が悪いことを改めるように教え諭すのは親の務めだ。

⓯ ○○審議（しんぎ）会というのは、首相や大臣などの諮問機関である。

⓰ 日本の会社では非常に小さなことでも会議に諮る。

| 謙 | 謹 | 譜 | 賊 | 賦 | 跳 | 跡 | 践 | 軸 | 轄 |
|---|---|---|---|---|---|---|---|---|---|
| 1581 | 1582 | 1583 | 1584 | 1585 | 1586 | 1587 | 1588 | 1589 | 1590 |
| 酌 | 酢 | 酪 | 酬 | 酵 | 酷 | 鉢 | 銭 | 銃 | 銘 |
| 1591 | 1592 | 1593 | 1594 | 1595 | 1596 | 1597 | 1598 | 1599 | 1600 |

Ⅰ. 次の表現を勉強し、＿＿＿＿の言葉の意味と読み方を覚えなさい。

❶ 謙譲の美徳に欠ける

❷ 楽譜を見ながら演奏する
えんそう

❸ 動物／犯人 の 足跡

❹ 古代ローマの遺跡

❺ 酵素の入った洗剤
せんざい

⑥ 酒／ワイン／ビール の 銘柄

Ⅱ. 次の表現を比較し、＿＿＿＿の言葉の意味と読み方を覚えなさい。

❶ 海賊　　山賊　　国賊　　賊　　賊軍
　　　　　さん　　こく

❷ 握力　　腕力　　跳躍力

❸ 軸　　地軸　　車軸

❹ 酪農　　酪農業　　酪農家

❺ 残酷なシーン　　冷酷な人

❻ 銃　　拳銃　　銃弾　　銃声
　　　　けん

❼ 感銘を与える　―　感銘を受ける

Ⅲ. ＿＿＿＿の言葉の読み方を書きなさい。

❶ 年賀状に「謹賀新年」と書くか「謹んで新年のお*慶びを申し上げます」と書くか迷った。
よろこ
　（＊「よろこ(び)」は常用漢字外の読み方。）

❷ 彼は特に頭がいいわけではないが、外国語を学ぶことにかけては天賦の才があるようだ。

❸ お正月は親戚の子供たちが大勢うちに来て、跳んだり 跳ねたりの大騒ぎをしていた。
しんせき

❹ 倹約家の父の教えを実践して、無駄遣いをしないようにしている。
むだづか

❺ お役所ではそれまでにない新しい問題が起こると、まず最初に「管轄をどこにするか」ということが問題になる。

❻ 祖父は昔からずっと**晩酌**をしている。といっても、いつも決まってビール一本だが。

❼ 裁判では、犯行が行われた時の犯罪者の様々な**事情を酌んで**、情状酌量が行われることがある。

❽ **酢**の酸っぱさは、**酢**に含まれている**酢酸**から来ている。

❾ 仕事は楽しくて好きだが、だからといって**報酬**が少なくてもいいというわけではない。

❿ 花が大きくなってきたので、別の**植木鉢**に植えかえた。

⓫ うちにはお風呂
　　　　　ふ ろ
があるが、時々**銭湯**に行く。

⓬ 企業と政治家の間で多額
　　　　　　　　　　　た がく
の**金銭の授受**が行われていることが問題となった。

⓭ 買い物をしたら財布が**小銭**でいっぱいになり、とても重くなってしまった。

⓮ 刀や**銃**
　かたな
の所有は、**銃刀法**によって厳しく規制されている。

⓯ 大統領の就任演説に人々は大きな**感銘を受けた**。

| 鋳 | 錬 | 錯 | 錠 | 鍛 | 鎮 | 鐘 | 鑑 | 剖 | 駄 |
|---|---|---|---|---|---|---|---|---|---|
| 1601 | 1602 | 1603 | 1604 | 1605 | 1606 | 1607 | 1608 | 1609 | 1610 |
| 駆 | 刈 | 剛 | 劾 | 勧 | 却 | 叙 | 耐 | 彩 | 彰 |
| 1611 | 1612 | 1613 | 1614 | 1615 | 1616 | 1617 | 1618 | 1619 | 1620 |

Ⅰ. 次の表現を勉強し、＿＿＿の言葉の意味と読み方を覚えなさい。

❶ 貨幣 / 大仏 を**鋳造**する
かへい

❷ アルミニウム / 銅 / 鉛 の**精錬所**

❸ 目の**錯覚**

❹ **試行錯誤**を繰り返す

❺ 警察が犯人に**手錠**をかける

❻ 反乱軍を**鎮圧**する

❼ 風 / 反乱 / 痛み が**鎮まる**

❽ 映画**鑑賞**

⑨ 宝石の**鑑定**

❿ 権力者が国民の**弾劾**を受ける

⓫ 保険 / 新聞 の**勧誘**

⓬ 申請 / 再審請求 が**却下**される
さいしん

⑬ 土地 / 建物 / 株式 を**売却**する

⑭ ホメロスの**叙事詩**

⓯ 成績優秀者を**表彰**する

Ⅱ. 次の表現を比較し、＿＿＿の言葉の意味と読み方を覚えなさい。

❶ **教会の鐘**　　お寺の鐘

❷ **稲刈り**　　芝刈り　　芝刈り機

❸ 酒 / 座布団 を**勧める**　　参加 / 留学 を**勧める**

❹ **表彰台**　　表彰式　　表彰状

Ⅲ. ＿＿＿の言葉の読み方を書きなさい。

❶ **鋳物**を作る時はまず**鋳型**を作り、そこに溶かした金属を流し込む。

② 近代の化学は中世の**錬金術**の土台の上に発展したと言われている。
どだい

66

❸ 武道で大切なのはただ強くなることではなく、**心身の鍛錬**であると言われている。

❹ 新しい技術は**試行錯誤**の末に生まれる。

❺ 現在の堕落した風潮に**警鐘**を鳴らす人もいるが、その声は多くの大衆には聞こえない。

❻ 地域防災の重要性に**鑑み**、早急な対策を講じることが望まれる。

❼ **解剖**の結果、胃の中から青酸性の毒物が検出された。

❽ 「あの人の考え方を変えようとするなんて**無駄な**努力ですよ。とにかく頑固な人ですから。」

❾ 日本のジャズの**先駆者**たちは、1920年頃に現れている。

❿ 若者の間では、スポーツタイプの車よりアウトドア志向の四輪駆動の車の方が人気がある。

⓫ 普段から体を**鍛えて**いないと、ジャーナリストとして現場を**駆け**回ることはできない。

⓬ スタートの合図で、子供たちは一斉にゴールへと**駆けて**いった。

⓭ 現代人は、テレビのＣＭや雑誌の広告などに**駆り立てられる**ように消費行動をしているように思える。

⓮ 私が通った中学は明治時代に創立された学校で、**質実剛健**というのが校訓になっていた。

⓯ 自分の考えをただ**叙述**するだけでは論文にならない。

⓰ 日本の詩歌の中心は壮大な**叙事詩**ではなく、細やかな心の動きを表現した**叙情詩**だと言われる。

⓱ **耐久性**の高い家づくりが求められている。

⓲ 不況時のセールスの仕事というのは、本当に忍耐の要る仕事だ。その厳しさに**耐える**ことができなくて、やめていく人も多い。

⓳ 子供の日にあわせて**多彩な**行事が行われた。

⓴ 秋の山々は、見渡す限り美しい紅葉に**彩られて**いた。

| 邦 | 敢 | 欺 | 款 | 殴 | 殻 | 穀 | 朗 | 泡 | 胞 |
|---|---|---|---|---|---|---|---|---|---|
| 1621 | 1622 | 1623 | 1624 | 1625 | 1626 | 1627 | 1628 | 1629 | 1630 |
| 砲 | 飽 | 噴 | 憤 | 准 | 唯 | 雄 | 雅 | 雌 | 培 |
| 1631 | 1632 | 1633 | 1634 | 1635 | 1636 | 1637 | 1638 | 1639 | 1640 |

Ⅰ. 次の表現を勉強し、＿＿＿の言葉の意味と読み方を覚えなさい。

❶ **勇敢**に戦う

❷ 株式会社の**定款**

❸ 詩の**朗読**

❹ 顕微鏡で**細胞**を見る
けん び きょう

❺ 公園の**噴水**

❻ 火山の**噴火**

❼ 条約の**批准**

❽ マルクス主義の**唯物史観**

❾ フランスの**英雄**ナポレオン

❿ **雌雄**を決する戦い

⓫ **培養**液で 細菌 / プランクトン を**培養**する

Ⅱ. 次の表現を比較し、＿＿＿の言葉の意味と読み方を覚えなさい。

❶ 洋画　　**邦**画

② 連**邦**政府　　州政府

❸ **詐欺**　　結婚**詐欺**　　**詐欺**師

④ 卵 / 玉子 の**殻**　　貝**殻**

❺ 米や麦などの**穀物**　　米と麦以外の雑穀

❻ **泡**　　**泡**立つ

❼ **砲**撃　　大**砲**　　鉄**砲**

❽ **雄** ⟷ **雌**

❾ **雄**牛 ⟷ **雌**牛

Ⅲ. ＿＿＿の言葉の読み方を書きなさい。

❶ 警備の目を**欺く**ために、宅配業者に変装した。
たくはい

❷ **殴られ**たら**殴り**返すというのが彼らの考え方だ。

68

❸ 犯人は警官を**殴打**して再び逃走した。

❹ **地殻変動**によって 8,000 メートル級の山脈ができることもある。

❺ いつも明るく**朗らかな**弟が、今日は一言も話さない。きっと何か悩みがあるのだろう。
<sub>ひとこと</sub>

❻ 電気製品は、運んでも壊れないように**発泡スチロール**で固定され箱詰めにされている。

❼ いくら好きだとは言っても、毎日刺し身では**飽きて**しまう。

⑧ **飽きっぽい**人は何をやっても上手にならない。

❾ 東京の人口は**飽和状態**に達している。

❿ 地震で水道管が破裂して水が**噴き出し**、道路が水浸しになった。

⓫ 国会での政府の強引なやり方には、国民としても**憤慨**に堪えない。しかし、この**憤り**をどこに
ぶつけたらいいのだろう。

⓬ 私の**唯一**の楽しみは読書だ。

⓭ 海辺の別荘に住み、自家用の船でクルージングに出かけるなどといった**優雅な**生活は、日本で
は夢のまた夢である。

⓮ 彼女の質素倹約を大切にする精神は、子供の時の家庭生活の中で**培われた**ものだ。

| 陪 | 賠 | 頂 | 頑 | 頒 | 煩 | 顕 | 顧 | 嬢 | 壊 |
|---|---|---|---|---|---|---|---|---|---|
| 1641 | 1642 | 1643 | 1644 | 1645 | 1646 | 1647 | 1648 | 1649 | 1650 |
| 醸 | 亭 | 棄 | 舎 | 傘 | 冠 | 呈 | 宜 | 宰 | 寡 |
| 1651 | 1652 | 1653 | 1654 | 1655 | 1656 | 1657 | 1658 | 1659 | 1660 |

Ⅰ．次の表現を勉強し、＿＿＿の言葉の意味と読み方を覚えなさい。

❶ 煩雑な手続き　　　　　　　　　❷ 独特の雰囲気を醸し出す

❸ 試合 / 権利 / 責任 を放棄する　　❹ 古くなった機械を廃棄処分する

❺ 控訴 / 請求 を棄却する

Ⅱ．次の表現を比較し、＿＿＿の言葉の意味と読み方を覚えなさい。

❶ 頑固な人　　頑丈な家 / 車 / 箱　　❷ 顕微鏡　　望遠鏡

❸ 産業廃棄物　　核廃棄物　　　　　❹ 学校の校舎　公務員の官舎　選手の宿舎

❺ 田舎 ⟷ 都会　　　　　　　　　❻ 傘をさす ⟷ 傘を閉じる

❼ 冠をかぶる ⟷ 冠をとる　　　　　❽ 独占市場　　寡占市場

Ⅲ．＿＿＿の言葉の読み方を書きなさい。

❶「御陪席の皆様、本日はご多忙のところ誠にありがとうございます。」

❷ 戦争が終わり、敗戦国が戦勝国に多額の賠償金を支払った。

❸ 5時にベースキャンプを出発し、頂上に着いたのは11時だった。頂からの眺めは最高だった。

❹ 頑張ることはいいことだと思うが、頑張りすぎるのはよくないと思う。

❺ うちの父は頑固で、絶対に自分の意見や態度を変えない。

❻ ヨーロッパ各地で日本酒の頒布会が行われた。

❼ 近所付き合いは**煩わしくて煩雑だ**と感じる人が増えてきた。

❽ **顕微鏡**で見ると、細胞が分裂する様子がよく分かる。

❾ 父はいくつかの会社の**顧問**弁護士をしている。

❿ 彼は仕事ばかりで妻や子供のことを全く**顧みない**。

⓫ A：**お嬢さん**、おいくつになりました？
　　B：おかげさまで今年、高校に入りました。

⓬ **土壌**が肥えていないと、作物は元気に育たない。

⓭ 日本酒は、米を発酵させて作る日本の代表的な**醸造酒**だ。

⓮ 政治家や財界人は、**料亭**で非公式に会合を開くそうだ。

⓯ 日本国憲法第九条では戦争の**放棄**がうたわれている。

⓰ どんなに忙しくても、盆と正月は**田舎**に帰るようにしている。

⓱ 日本の自動車メーカーは、**傘下**に何百という下請け企業を持っている。

⓲ 英語にはaやtheといった**冠詞**があるが、日本語にはない。

⓳ 成人式の参加者全員に記念品が**贈呈**された。

⓴ 意見の違いが**露呈**することを嫌って議論を避ける。

㉑ 企業が政治家に献金し、その見返りとして政治家は**適宜**情報を与え、**便宜**を図ったりする。

㉒ 戦後の名**宰相**といえば、私は吉田茂を思い浮かべる。

| 審 | 賓 | 崩 | 崇 | 芳 | 荒 | 菓 | 慕 | 冒 | 是 |
|---|---|---|---|---|---|---|---|---|---|
| 1661 | 1662 | 1663 | 1664 | 1665 | 1666 | 1667 | 1668 | 1669 | 1670 |
| 罷 | 羅 | 窃 | 窒 | 窮 | 蛍 | 掌 | 奉 | 奏 | 泰 |
| 1671 | 1672 | 1673 | 1674 | 1675 | 1676 | 1677 | 1678 | 1679 | 1680 |

Ⅰ. 次の表現を勉強し、＿＿＿の言葉の意味と読み方を覚えなさい。

① 国会の<u>審議</u>

❷ 空港の<u>貴賓室</u>

❸ ローマ帝国 / ソビエト連邦 の<u>崩壊</u>

❹ 生活 / 土地 / 国土 / 天候 が<u>荒れる</u>

❺ 校内暴力による学校の<u>荒廃</u>

❻ 師を<u>敬慕</u>する

❼ がんに<u>冒された</u>細胞

❽ 不公平な税制を<u>是正</u>する

❾ 裁判官 / 大臣 を<u>罷免</u>する

❿ <u>蛍</u>が舞う

⓫ 電車の<u>車掌</u>

⑫ ピアノの<u>伴奏</u>で歌を歌う

⓭ 琴 / ギター を<u>奏でる</u>

Ⅱ. 次の表現を比較し、＿＿＿の言葉の意味と読み方を覚えなさい。

❶ 野球の<u>審判</u>　　<u>主審</u>　　<u>副審</u>

❷ 自然<u>崇拝</u>　　偶像<u>崇拝</u>

❸ <u>窒息</u>する　　<u>窒息</u>死する

❹ <u>蛍光灯</u>　　電球

Ⅲ. ＿＿＿の言葉の読み方を書きなさい。

① 「<u>不審</u>な人を見たらすぐ110番」(標語)

❷ 大雨が降ると、<u>山崩れ</u>が起こり民家が押し倒されることがしばしばある。

❸ 戦前は、天皇<u>崇拝</u>の思想が学校で教えられた。

❹ すがすがしい初夏の一日。庭にはバラの花が咲き乱れ、<u>芳香</u>が漂っていた。

❺ 20世紀最大の科学者アインシュタインも、子供時代の学校の成績は**芳しくなかった**らしい。

❻ 私が通っていた学校は、生徒の喫煙や校内暴力などでひどく**荒れて**いた。

❼ うちの子供はご飯を食べないで**お菓子**ばかり食べている。

❽ 私の友人は小学校の先生をしているが、優しい人なので子供たちに**慕われて**いるようだ。

❾ 子供向けの文学として**冒険**物語や英雄物語などがあるが、今の子供の大部分は、本よりもゲームの中の英雄や**冒険**の方が好きなようだ。

❿ この報告書は問題点をただ**羅列**しただけで、何の対策も提案していない。

⑪ この本は、この分野でこれまでに行われた重要な研究をすべて**網羅**した貴重な文献だ。

⑫ 店員の通報で駆けつけた警官は、店から飛び出そうとする男を**窃盗**の現行犯で逮捕した。

⑬ 空気には、酸素が約20%、**窒素**が約80%の割合で含まれている。

⑭ うちの課長はまじめで礼儀正しいのだが、ユーモアがないのでちょっと**窮屈な**感じがする。

⑮ コンサート会場の椅子は狭くて**窮屈だった**。

⑯ スキャンダルが明るみに出た副社長は、進退**窮まって**姿を消した。

⑰ 今までは会社のために働いていたので、定年後は何か**社会奉仕**をしたい。

⑱ 日本では年末に、どういうわけかあちこちでベートーベンの交響曲第九番が**演奏**される。

⑲ 今の社長がいる限り会社は**安泰な**のだが、実は優秀な後継者がいなくて困っている。

| 笛 | 箇 | 篤 | 簿 | 覇 | 覆 | 零 | 霊 | 霜 | 啓 |
|---|---|---|---|---|---|---|---|---|---|
| 1681 | 1682 | 1683 | 1684 | 1685 | 1686 | 1687 | 1688 | 1689 | 1690 |
| 召 | 塁 | 堕 | 塗 | 墨 | 妄 | 忌 | 怠 | 悠 | 愁 |
| 1691 | 1692 | 1693 | 1694 | 1695 | 1696 | 1697 | 1698 | 1699 | 1700 |

Ⅰ. 次の表現を勉強し、＿＿＿の言葉の意味と読み方を覚えなさい。

❶ 発表のポイントを<u>箇条書き</u>にする　　❷ <u>名簿</u>を作成する

❸ 会議の決定を<u>覆す</u>　　❹ 先祖の<u>霊</u>を祭る

⑤ 彼女には<u>霊感</u>がある　　❻ <u>霜</u>／<u>初霜</u> が降りる

❼ <u>霜害</u>で野菜に被害が出る　　❽ 壁にペンキを<u>塗る</u>

Ⅱ. 次の表現を比較し、＿＿＿の言葉の意味と読み方を覚えなさい。

❶ <u>笛</u>　<u>口笛</u>　<u>汽笛</u>　**<u>警笛</u>**　　❷ <u>笛</u>を吹く　<u>汽笛</u>を鳴らす

❸ <u>覇権</u>を 握る／争う　**<u>覇権</u>主義**　　❹ 大企業　中小企業　**<u>零細</u>企業**

❺ <u>霊</u>　<u>死霊</u>　**<u>悪霊</u>**　先祖の<u>御霊</u>　　❻ <u>一塁</u>　二塁　三塁　本塁　本塁打<small>だ</small>

❼ <u>塗料</u>　蛍光<u>塗料</u>　　❽ <u>墨</u>　<u>墨絵</u>　**<u>墨汁</u>**

❾ 職務<u>怠慢</u>　<u>怠惰</u>な生活　**<u>怠け者</u>**<br><small>しょくむ</small>　　❿ <u>愁い</u>に沈んだ顔　**<u>愁い</u>を含んだ目**

Ⅲ. ＿＿＿の言葉の読み方を書きなさい。

❶ 父親が**<u>危篤だ</u>**という知らせを受けて、タクシーに飛び乗った。

❷ 大雪で車がすっぽり雪に**<u>覆われて</u>**しまった。

❸ 大波で船が**<u>転覆</u>**し、乗組員は全員海に投げ出された。<br><small>のりくみいん</small>

④ <u>霊長類</u>には猿やゴリラ、それに人間も入る。<br><small>さる</small>

❺「**拝啓** 新春の候、いかがお過ごしでしょうか。」(手紙)
　　しんしゅん　こう

❻ 日本ではサラリーマンの<u>自己啓発</u>のための本がよく売れている。

❼ 総選挙が終わって衆議院議員が決まると、すぐに国会が<u>**召集**</u>され、内閣総理大臣が選ばれる。
　　　　　　　しゅうぎいん

❽ <u>召集令状</u>一枚で戦争に駆り出されるなんて、今考えてみると信じられないことだ。

❾「どうぞ遠慮なく<u>**お召し上がり**</u>ください。」

❿ 彼女と出会うまでは、人生なんてどうでもいいと考えて、ろくに仕事もせずに<u>**堕落**</u>した生活を送っていた。

⓫ 誰かが私を追いかけているという<u>**妄想**</u>に駆られた。

⓬ 戦前、戦中の日本には徴兵制度があったが、徴兵を<u>**忌避**</u>して監獄に入れられる人もいた。

⓭ 戦争中に経験した<u>**忌まわしい**</u>体験を今でも忘れることができないと祖父は言っていた。

⓮ 私は<u>**怠け者**</u>で、洗濯は週に１回、掃除は２週間に１回しかしない。

⓯ メディアは情報を人に伝えやすい形にするという努力を<u>**怠って**</u>はいけない。

⓰ 父は去年会社を定年退職して、今は母と二人で旅行に行ったりゴルフをしたりして、<u>**悠々と**</u>生活している。

⓱「この度は誠にご<u>**愁傷**</u>さまでした。」(お葬式)

| 愚 | 慰 | 懲 | 架 | 香 | 暫 | 脅 | 烈 | 勲 | 薫 |
|---|---|---|---|---|---|---|---|---|---|
| 1701 | 1702 | 1703 | 1704 | 1705 | 1706 | 1707 | 1708 | 1709 | 1710 |
| 紫 | 誓 | 誉 | 貫 | 匠 | 匿 | 囚 | 閑 | 閲 | 暦 |
| 1711 | 1712 | 1713 | 1714 | 1715 | 1716 | 1717 | 1718 | 1719 | 1720 |

Ⅰ. 次の表現を勉強し、＿＿＿＿の言葉の意味と読み方を覚えなさい。

❶ 悲しんでいる人を慰める

② 国と国との架け橋になる

❸ 会社を脅迫して金を脅し取る

❹ 猛烈な 暑さ / 吹雪 / 反対 / 反発

❺ 猛烈に 働く / 勉強する / 仕事をする

❻ 勲章を授かる

❼ さけ / 牛肉 の薫製

❽ 一貫性のない 態度 / 話 / やり方

❾ 著作権 / 意匠権 の侵害

❿ 匿名で新聞に投書した

⓫ 閑静な住宅街

Ⅱ. 次の表現を比較し、＿＿＿＿の言葉の意味と読み方を覚えなさい。

❶ 十字架　　書架　　川に橋を架ける

❷ 香水　　ブーケの香り

❸ 紫外線　　赤外線

❹ 契約書　　誓約書

❺ 名誉市民　　名誉教授

❻ 刑務所　　囚人　　死刑囚

❼ 紀元前 800 年　　西暦 2010 年

❽ 西暦　　太陽暦　　太陰暦　　新暦　　旧暦　　暦

Ⅲ. ＿＿＿＿の言葉の読み方を書きなさい。

❶ 人間がすることで、戦争ほど愚かな行為はない。

❷ 山登りもダイビングも好きな私にとって、山と海のどちらが好きかなどという質問は愚問だ。

❸ ハリウッドのスターが離婚した時の**慰謝料**は、たいていとんでもない額である。

❹ 犯罪に対する罰として、**懲役**または罰金が科される。

⑤ 一度**懲戒免職**という形で会社を首になると、再就職がとても難しくなる。

❻ 前の結婚生活に**懲りた**ので、再婚はしないつもりだ。

❼ 彼女は敬▲虔なカトリックで、いつも**十字架**を身につけている。
　　けい　けん

❽ 予算審議が間に合いそうにないので、今年も**暫定的な**予算を組むことになりそうだ。

⑨ 冷戦終結後も核兵器の**脅威**はなくならなかった。

⑩ 漏れた放射能によって近隣住民の健康が**脅かされる**危険性がある。

⑪ プロ野球では、毎年両リーグからそれぞれ一人ずつ**最高殊勲選手**が選ばれ、表彰される。

⑫ 「風**薫る**さわやかな季節となりました。」(手紙)

⑬ **紫外線**は肌に悪い。

⑭ **紫**の服はとてもきれいだが、着こなしが難しい。

⑮ 教会の牧師の前で二人は永遠の愛を**誓った**。

⑯ 武士は**名誉**を非常に重んじる。だから、**名誉**を汚されることを嫌う。

⑰ 絶世の美女との**誉れ**が高いクレオパトラは、不幸な死を迎えた。
　　ぜっせい　びじょ

⑱ 弁護士である彼の行動と発言には、人権重視の考え方が**貫かれて**いる。
　　　　　　　　　　　はつげん

⑲ 戦前は**検閲**の制度があり、言論と出版の自由は制限されていた。
　　　　　　　　　　げんろん

| 厄 | 尼 | 尾 | 尿 | 層 | 尽 | 唐 | 庸 | 廉 | 腐 |
|---|---|---|---|---|---|---|---|---|---|
| 1721 | 1722 | 1723 | 1724 | 1725 | 1726 | 1727 | 1728 | 1729 | 1730 |
| 磨 | 慶 | 扇 | 扉 | 疫 | 疾 | 痢 | 痴 | 癒 | 虐 |
| 1731 | 1732 | 1733 | 1734 | 1735 | 1736 | 1737 | 1738 | 1739 | 1740 |

Ⅰ．次の表現を勉強し、＿＿＿＿の言葉の意味と読み方を覚えなさい。

❶ 動物の尾

❷ 新宿の高層ビル
　しんじゅく

❸ 唐突な 申し出 / 質問 / 意見
　　　　　で

④ 唐草模様のふろしき

❺ 豆腐は大豆から作る

❻ 魚 / 肉 / 玉子 / 牛乳 が腐る

❼ 歯 / 靴 / ガラス を磨く

❽ 扇風機を回す

⑨ 民衆を扇動する

❿ 倉庫の頑丈な鉄の扉
　　　　がんじょう

⓫ 門扉を閉ざす

⓬ 高速道路を車が疾走していく

⓭ 仕事 / 夫 / 妻 のことで愚痴をこぼす

Ⅱ．次の表現を比較し、＿＿＿＿の言葉の意味と読み方を覚えなさい。

❶ 尼　　尼寺　　尼僧　　修道尼　　修道院
　　　　　　　　　　　　　　　　　いん

❷ 歯を磨く　　歯ブラシと歯磨き

❸ 研磨機　　研磨剤
　　　き　　　　ざい

❹ 慶事　　弔事
　　　　　　ちょう

❺ 扇　　扇子

Ⅲ．＿＿＿＿の言葉の読み方を書きなさい。

❶ 厄介な問題は後にして、扱いやすい問題から片付けていこう。

② 山々を眺めながらの夏の尾根歩きはとても気持ちがいい。

❸ 最近の若者は、単語の語尾を変に上げて話す傾向がある。

❹ 父は40代の頃（ごろ）からずっと<u>糖尿病</u>を患っている。

❺ 首相は行政改革のために<u>力を尽くした</u>。

❻ 地球の資源は決して<u>無尽蔵</u>ではない。これからは産業と生活のあり方を考えていかなければならない。

❼ 何でもやりすぎはよくない。<u>中庸</u>が大切だと思う。

❽ 政治と企業の<u>癒着</u>、不正献金に代表される政治<u>腐敗</u>。「<u>清廉潔白な政治家</u>」などという言葉は今や死語（しご）となった。

⑨ パッケージされた食品には、<u>腐敗</u>を防止するために防腐剤（ざい）が使われている。

❿ ほとんどの<u>歯磨き</u>には<u>研磨</u>剤（ざい）が含まれている。

⓫ 昔は何年かに一度は<u>疫病</u>がはやり、その度に多くの人が死んでいった。

⓬ 「あいつはうちの<u>疫病神</u>だ。あんな *奴（やつ）がいるといつまでたっても運が向いてこない。」
（＊「やつ」は常用漢字外の読み方。）

⓭ 3週間前に買った牛乳を飲んだら、ひどい<u>下痢</u>になってしまった。どうやら<u>腐って</u>いたようだ。

⓮ 何をやってもうまくいかない父は、いつも<u>愚痴</u>をこぼしている。

⓯ 病気は自然<u>治癒</u>ではなく、医学の力によって治すのが当然だと思われている。

⓰ 温泉に入ると身（み）も心も<u>癒やされる</u>。

⓱ 戦争では、しばしば<u>虐殺</u>が起こる。

⑱ 親の子供に対する<u>虐待</u>を、決して許してはいけない。

⑲ 戦争の時は、日常生活ではとても考えられないような<u>残虐</u>な行為が行われる。

⓴ かつては男性優位（ゆうい）の社会で、女性はずっと<u>虐げられて</u>きた。

| 虚 | 膚 | 巡 | 迅 | 迭 | 透 | 逝 | 逸 | 遮 | 遭 |
|----|----|----|----|----|----|----|----|----|----|
| 1741 | 1742 | 1743 | 1744 | 1745 | 1746 | 1747 | 1748 | 1749 | 1750 |
| 遵 | 鬼 | 塊 | 魂 | 醜 | 甚 | 勘 | 堪 | 某 | 媒 |
| 1751 | 1752 | 1753 | 1754 | 1755 | 1756 | 1757 | 1758 | 1759 | 1760 |

Ⅰ．次の表現を勉強し、＿＿＿＿の言葉の意味と読み方を覚えなさい。

① 虚偽の証言

❷ 巡礼の旅に出る

❸ 突然生じた問題に迅速に対処する

❹ 透き通るような青空

❺ チャンス／絶好の機会 を逸する
　　　ぜっこう

❻ 事故で交通が遮断された

⑦ 遮断機が下りる／上がる

❽ 砂糖／塩／鉄／土 の塊

❾ 醜い姿

❿ テレビ、新聞、雑誌などの情報伝達の媒体
　　　　　　　　　　　　　　　　　　　　でんたつ

Ⅱ．次の表現を比較し、＿＿＿＿の言葉の意味と読み方を覚えなさい。

❶ 謙虚な人 ⟷ 傲慢な人
　　　　　　　ごうまん

② お巡りさん　巡査　巡査部長

❸ 透明のビニール袋　透明フィルム　半透明のガラス　湖の透明度
　　　　　ぶくろ

❹ 山／海 で遭難する　雪崩／嵐 に遭う
　　　　　　　　　　なだれ　あらし

❺ 法を遵守する　遵法精神

❻ 鬼　鬼ごっこ　現代日本映画界の鬼才

❼ 某国　某所　某氏　某ホテル

Ⅲ．＿＿＿＿の言葉の読み方を書きなさい。

❶ 恋人の死を知った秋子はあまりのショックで、ただ呆然と虚空を見つめていた。
　　　　　　　　　　　　　　　　　　　　　　　ぼうぜん

❷ 洗剤の使いすぎで、手の皮膚が荒れて、かさかさになってしまった。
　せんざい

❸ 私の趣味は名所旧跡を巡り歩くことだ。

❹ 経済環境の変化に迅速に対処するために、これからの会社は柔軟性のある組織作りを心掛けなければならない。

❺ 取締役会は公金横領の疑いのある社長を**更迭**し、副社長を新しい社長に選んだ。
こうきん

❻「ご主人様のご**逝去**の報に接し、驚いております。心よりお悔やみを申し上げます。」

（お悔やみの手紙）

❼ 子が親より先に**逝く**というのは、最大の親不孝だ。
さいだい

❽ 彼については様々な**逸話**がある。若い頃小型飛行機のエンジンを使って自分でレーシングカー
ころ
　を作ったというのも、その一つだ。

❾ 彼はいつも人の話を**遮って**話をするので、みんなに嫌われている。

❿ 戦後のベビーブーム時に生まれ、青年期に学生運動を経験した世代を「**団塊の世代**」と言う。

⓫ 原始宗教では、山や木に**霊魂**があると考えられていた。

⓬ お盆というのは、年に一度帰ってくる死者の**魂**を迎えて慰める古くからの行事だ。

⓭ あの政治家の周りには**醜聞**が絶えない。

⓮ 昨日の大雨で**甚大な**被害がもたらされた。

⓯ 火のついたタバコを投げ捨てるのは、非常識も**甚だしい**。

⓰ A：いいことあったでしょ？
　　B：どうして分かったの？　**勘**がいいね。

⓱ 試験の日にちを**勘違い**して、試験の前日に会場に行ったら誰もいなかった。
ぜんじつ

⓲ 私には、彼にあの困難な仕事に**堪える**だけの能力があるとは思えない。

⓳ 恋愛結婚の場合でも、結婚の形式上、**媒酌人**を頼むことが多い。

| 謀 | 又 | 双 | 貞 | 偵 | 叔 | 淑 | 朱 | 珠 | 卑 |
|---|---|---|---|---|---|---|---|---|---|
| 1761 | 1762 | 1763 | 1764 | 1765 | 1766 | 1767 | 1768 | 1769 | 1770 |
| 碑 | 享 | 郭 | 刃 | 忍 | 滋 | 磁 | 慈 | 斉 | 剤 |
| 1771 | 1772 | 1773 | 1774 | 1775 | 1776 | 1777 | 1778 | 1779 | 1780 |

Ⅰ．次の表現を勉強し、＿＿＿の言葉の意味と読み方を覚えなさい。

❶ 陰謀の首謀者

② 無謀な 運転 / 計画

❸ 政府の転覆を謀る

④ 双方向のコミュニケーション

❺ 貞操を守る

❻ 敵の様子を偵察する

❼ 白い布を朱色に染める

⑧ 判子に朱肉をつける
　はんこ

❾ 真珠のネックレス

❿ 豊かで安全な生活を享受する

⑪ 経産省 / 農水省 / 外務省 の外郭団体
　けいさん　のうすい

⑫ 忍耐強く 交渉する / 説得する
　　　づよ

⑬ 残忍な 性格 / 行為

⑭ 人目 / 恥 を忍ぶ
　ひとめ

⑮ 観音様の慈悲深い顔
　かんのんさま　　ぶか

⑯ 慈善事業に大金を寄付する

Ⅱ．次の表現を比較し、＿＿＿の言葉の意味と読み方を覚えなさい。

❶ 叔父 ⟷ 叔母

❷ 卑屈な態度 ⟷ 堂々とした態度
　　　　　　　どうどう

③ 卑劣なやり方 ⟷ 正々堂々としたやり方
　　　　　　せいせいどうどう

❹ 卑しい身分 ⟷ 高貴な身分
　　　　　　　こうき

❺ 石碑　記念碑　碑文

❻ 享楽主義 ⟷ 禁欲主義
　　　　　きんよく

❼ かみそりの刃　刃物

⑧ 忍び足で歩く　声を忍ばせて話す

❾ 磁石　磁気

⑩ 磁器　陶器　陶磁器

⑪ 愛情　慈しみ　哀れみ
　　　　　　　あわ

⑫ 洗剤　台所用洗剤　洗濯用洗剤

⑬ 錠剤　カプセル　粉薬　液剤
　　　　　　　こなぐすり　えき

Ⅲ. _____ の言葉の読み方を書きなさい。

❶ 「何人も、実行の時に適法であった行為又は既に無罪とされた行為については、刑事上の責任を
　　　　なんびと　　　　　　　　　　　てきほう
問われない。又、同一の犯罪について、重ねて刑事上の責任を問われない。」（日本国憲法第三
十九条）

❷ 婚姻は男女双方の合意により成立する。

❸ 似ていない双子もいる。

❹ イギリスでは競馬というと上流階級のイメージであり、紳士、淑女の▲嗜みとさえ言われるほど
　　　　　　　　　　　　　　　　　　　　　　　　　　　　　　　たしな
である。

⑤ 葬式に行く時は、普通数珠を持っていく。

❻ 政府が考えている新しい税制の輪郭が、ようやく少し見えてきた。

❼ 敵に追いつめられた日本兵の中には、捕虜になることを恥として自刃する者もいた。
　　　　　　　　　　　　　　　　　ほりょ

❽ 朝鮮＊人参は滋養強壮によいそうだ。（＊「にんじん」は常用漢字外の読み方。）
　　　　にんじん

❾ 初めて日本の小学校の教室を訪れた時、生徒たちが一斉に立ち上がって挨拶をしたので、とて
　　　　　　　　　　　　　　　　　　　　　　　　　　　　　　　あいさつ
も驚いた。

| 斎 | 耕 | 耗 | 垣 | 恒 | 巧 | 朽 | 謡 | 揺 | 凝 |
|---|---|---|---|---|---|---|---|---|---|
| 1781 | 1782 | 1783 | 1784 | 1785 | 1786 | 1787 | 1788 | 1789 | 1790 |
| 擬 | 随 | 髄 | 唇 | 辱 | 幣 | 弊 | 墾 | 懇 | 敏 |
| 1791 | 1792 | 1793 | 1794 | 1795 | 1796 | 1797 | 1798 | 1799 | 1800 |

Ⅰ. 次の表現を勉強し、＿＿＿の言葉の意味と読み方を覚えなさい。

❶ 体力を<u>消耗</u>する

❷ 年末<u>恒例</u>の紅白歌合戦
こうはくうたがっせん

❸ <u>巧妙</u>な<u>手口</u>で人を<u>▲騙</u>す
てぐち　　　　だま

❹ ロシア文学の<u>不朽</u>の名作

❺ 庭の木が<u>朽</u>ちる

❻ 決心／信念／気持ち が<u>揺</u>らぐ

❼ 不安のために 気持ち／心 が<u>動揺</u>する

❽ 首相に<u>随行</u>してヨーロッパに行く

❾ <u>屈辱</u>を 受ける／味わう

❿ <u>辱</u>めを受ける

⓫ 過去の<u>弊害</u>を取り除く

⓬ 荒れ地を<u>開墾</u>して畑を作る

⓭ <u>懇</u>ろに もてなす／弔う
ねんご　　　　　とむら

Ⅱ. 次の表現を比較し、＿＿＿の言葉の意味と読み方を覚えなさい。

❶ 騎馬民族　　<u>農耕</u>民族
き ば

❷ <u>童謡</u>　　<u>民謡</u>　　<u>歌謡</u>曲　　能の<u>謡</u>

❸ <u>擬人</u>法　　<u>擬声</u>語　　<u>擬態</u>語

❹ 小説　　論文　　<u>随筆</u>　　小論文　　エッセイ

❺ <u>骨髄</u>　　脳髄　　延髄　　<u>骨髄</u>移植

❻ <u>唇</u>　　口唇

❼ <u>紙幣</u>　　貨幣　　造幣局

❽ <u>弊社</u> ⟷ 御社
おん

❾ <u>敏感</u>な人 ⟷ 鈍感な人　　<u>敏速</u>に行動する　　<u>機敏</u>な動き　　<u>鋭敏</u>な感覚／神経

Ⅲ. _____の言葉の読み方を書きなさい。

❶ 将来は、小さくてもいいから家の中に自分の**書斎**を持ちたい。

❷ 人々はやがて土地を**耕して**耕作を始めた。**耕地**は集落を中心にどんどん広がっていった。
しゅうらく

❸ 犯行時は**心神耗弱**状態にあったとして、執行猶予が言い渡された。
しっこうゆうよ

❹ 南の島々では、台風に備えて周りを**石垣**で囲んである家が多い。
しまじま

❺ 現在の財政状況と税制では、歳入不足が**恒常的**に続く。

❻ 人々はみんな**恒久**の平和を望んでいる。

❼ 和歌を詠む時は、あまり**技巧**に走ると、素直な気持ちを表現できなくなってしまう。
よ

❽ 選手は敵のタックルを**巧みに**かわして、ゴールラインに突進していった。
とっしん

❾ この学校の建物もだいぶ**老朽化**が進んできた。

❿ ゆらゆら揺れる**揺りかご**の中で赤ちゃんが気持ちよさそうに眠っている。

⓫ パソコンを使う時は、画面を見続けない方がいい。画面を**凝視**していると、目が疲れて視力が
がめん
低下するらしい。
ていか

⓬ 私は最近料理に**凝っている**。でも、**凝った**料理を作った時に一緒に食べる人がいないのは、少
し残念だ。

⓭ 虫かと思って**目を凝らして**見たら、壁の染みだった。

⓮ **模擬**テストの結果を見ると、だいたい自分はどの大学に合格できそうかが分かる。

⓯ たいていの英会話学校では**随時**生徒を募集している。

⓰ 我が社は他社の**追随**を許さない高度な技術力を持っている。

⓱ 学会発表の後、**懇親会**が開かれた。

| 侮 | 炉 | 炎 | 哀 | 衰 | 衷 | 喪 | 晶 | 唱 | 尚 |
|---|---|---|---|---|---|---|---|---|---|
| 1801 | 1802 | 1803 | 1804 | 1805 | 1806 | 1807 | 1808 | 1809 | 1810 |
| 肖 | 凶 | 丹 | 幻 | 弔 | 甲 | 斥 | 亜 | 奔 | 幽 |
| 1811 | 1812 | 1813 | 1814 | 1815 | 1816 | 1817 | 1818 | 1819 | 1820 |

Ⅰ. 次の表現を勉強し、＿＿＿の言葉の意味と読み方を覚えなさい。

❶ 生け贄にされた哀れな子羊
（い）（にえ）

❷ 病気で体が衰弱する

③ 農業 / 工業 / 自動車産業 が衰退する

❹ 体力 / 視力 / 聴力 が衰える
（ちょうりょく）

❺ Ａ案とＢ案の折衷案

❻ 自信を喪失する

❼ 壁に肖像画を飾る

❽ 過去の資料を丹念に調べる
（しりょう）

⑨ 恋人 / 結婚生活 に幻滅する

❿ 死者(の霊)を弔う

⓫ 船の甲板を掃除する

⓬ 外国製品を排斥する

Ⅱ. 次の表現を比較し、＿＿＿の言葉の意味と読み方を覚えなさい。

❶ 相手を侮辱する　　相手に侮辱される

❷ 原子炉　　暖炉　　溶鉱炉

❸ ローソクの炎　　恋の炎

❹ 喪服　　喪主　　喪中

❺ 雪の結晶　　血と汗の結晶

⑥ 水晶で占う　　水晶占い

❼ 合唱する　　ウィーン少年合唱団

❽ 芸術や哲学などの高尚な話　　高尚な趣味

❾ 凶悪な犯罪　　凶暴な性格　　凶器

❿ 幻覚に襲われる　　幻を見る

⓫ 弔辞を述べる　　弔電を打つ　　弔問外交

⓬ 手の甲　　手の平
（ひら）

⓭ 温帯　　熱帯　　亜熱帯

Ⅲ. ＿＿＿の言葉の読み方を書きなさい。

❶ 敵に**侮られる**と、戦う前から不利になってしまう。

❷ 夏の**炎天下**の作業<sub>さぎょう</sub>はとてもきつい。普通の人にはなかなかできるものではない。

③ いくら貧乏をしても、人の**哀れみ**を受けるようにだけはなりたくない。

❹ 夜遅く電車の中で、上着のボタンを外しネクタイをゆるめて疲れた顔で眠っているサラリーマンを見ると、人生の**悲哀**を感じてしまう。

⑤ 父親が車にはねられるのを目の前で見た娘は、あまりのショックで記憶喪失になってしまった。

⑥ ガリレオが地動説<sub>ちどうせつ</sub>を**唱えた**時、人々は驚き、疑った。

⑦ 売り上げは確かに増えたが、我が社を上場企業にするのはまだ時期尚早<sub>じょうじょうきぎょう</sub>だと思う。

⑧ 昨年は冷夏<sub>れいか</sub>のせいで、米はひどい凶作だった。

❾ 彼は結婚に対して**幻想**を抱いて<sub>いだ</sub>いるようだ。

⑩ 酔っ払った姿を見て、私は彼に**幻滅**してしまった。

⑪ 日本での２週間の滞在中、ずっと資料集め<sub>しりょう</sub>に奔走した。

❷ 私は人の目を気にする性格なので、**自由奔放**に生きている人を見ると羨ましく<sub>うらや</sub>思う。

❸ 西洋の**幽霊**には足があるが、日本の**幽霊**には足がないとよく言われている。

| 栽 | 瓶 | 執 | 粛 | 蛮 | 疎 | 鼓 | 碁 | 憂 | 舗 | 覧 | 麗 |
|---|---|---|---|---|---|---|---|---|---|---|---|
| 1821 | 1822 | 1823 | 1824 | 1825 | 1826 | 1827 | 1828 | 1829 | 1830 | 1831 | 1832 |

Ⅰ．次の表現を勉強し、＿＿＿の言葉の意味と読み方を覚えなさい。

❶ 草花 / 野菜 を <u>栽培</u>する
　くさばな

❷ 論文を<u>執筆</u>する

❸ 現場で指揮を<u>執る</u>
　げんば

❹ 世事に<u>疎い</u>
　せ じ

⑤ 心臓の<u>鼓動</u>

❻ 国の将来を<u>憂慮</u>する

⑦ ゲームの展開に<u>一喜一憂</u>する

❽ 100 年続く<u>老舗</u>旅館

❾ <u>華麗</u>な舞踏会
　　　ぶとうかい

❿ <u>麗しい</u> 姿 / 友情

Ⅱ．次の表現を比較し、＿＿＿の言葉の意味と読み方を覚えなさい。

❶ <u>花瓶</u>　　ビール<u>瓶</u>

② 死刑を<u>執行</u>する　　刑の<u>執行</u>猶予

❸ <u>太鼓</u>　　<u>鼓</u>

❹ <u>碁</u>　　<u>囲碁</u>　　<u>碁石</u>　　<u>碁盤</u>

⑤ 道路を<u>舗装</u>する　　<u>舗装</u>道路

⑥ 資料を<u>閲覧</u>する　　<u>閲覧</u>室
　しりょう

Ⅲ．＿＿＿の言葉の読み方を書きなさい。

❶ 検事たちは汚職事件の解明に<u>執念</u>を燃やしていた。そして、3年の歳月をかけて調査を行った。
　　　　　　　　かいめい　　　　　　　　　　　　　　　　　　　　さいげつ

❷ お詫びの手紙を書こうと筆を<u>執った</u>が、どう書けばいいか、なかなかいい言葉が浮かばなかっ
　　わ
た。

❸ 天皇がご病気の時は、国民はお祭や宴会などを<u>自粛</u>していた。

❹ 新世界に進出したヨーロッパ人は、そこで行われている生活や習慣をすべて<u>野蛮な</u>ものである
とし、自分たちの「進んだ文明」を広めようとした。

⑤ 中世の日本人は、ヨーロッパ人のことを「南蛮人」と呼んでいた。「南の方から来る<u>野蛮人</u>」と
いう意味である。

⑥ 普段は友達のようにしていても、大事な時にのけ者にされると、やはり疎外感を感じる。

❼ 京都に親戚があるが、東京に来て以来ほとんど連絡していないので、だいぶ疎遠になっている。

⑧ 社員の士気を鼓舞するために、社長は営業成績優秀者に特別ボーナスを出すことを発表した。

❾ 一度は引退を決めたが、日本の将来を憂え、再び立候補することにした。

⑩ 「備えあれば憂いなし」だから、非常用食糧は多めに準備しておこう。

⓫ 窓を開けると、晩秋の物憂い風景が広がっていた。

⑫ ホテルの地下はショッピングエリアになっていて、宝石店やブティックなど約20の店舗が並んでいる。

⑬ 「今日の新聞、ご覧になりましたか。」

⓮ 「江戸時代末期の油絵」という展覧会が開催された。

❶❺ イギリスの競馬場は一種の社交場で、女性たちも華麗に着飾って競馬を楽しむ。

⑯ 首相のスピーチはいろいろと美辞麗句を並べていたが、結局何をしようとしているのかよく分からなかった。

# 第 6 水準

## （Level 6）

第 138 回～第 143 回

| 菊 | 芋 | 芽 | 茎 | 苗 | 薪 | 藻 | 茂 | 滝 |
|---|---|---|---|---|---|---|---|---|
| 1833 | 1834 | 1835 | 1836 | 1837 | 1838 | 1839 | 1840 | 1841 |
| 沼 | 渓 | 洞 | 瀬 | 浦 | 潟 | 峰 | 峠 | 岬 |
| 1842 | 1843 | 1844 | 1845 | 1846 | 1847 | 1848 | 1849 | 1850 |

Ⅰ．次の表現を勉強し、＿＿＿の言葉の意味と読み方を覚えなさい。

❶ 芋を掘る

❷ チューリップの芽が出る

❸ 種が発芽する

❹ 浅瀬を通って川を渡る

⑤ 茶▲碗や湯飲みなどの瀬戸物
　ちゃ　わん

❻ 干潟を干拓して水田にする

❼ 山の峰が雲に隠れる

❽ 浅間連峰の山々

⑨ 峠の茶屋
　　　ちゃ　や

Ⅱ．次の表現を比較し、＿＿＿の言葉の意味と読み方を覚えなさい。

❶ 菊の花　　白菊

❷ 芋　　焼き芋　　里芋

❸ 草花の茎　　歯茎
　くさばな

❹ 池や海の藻　　昆布やわかめなどの海藻
　　　　　　　こんぶ

❺ 新潟県　　新潟市

Ⅲ．＿＿＿の言葉の読み方を書きなさい。

① 春になると、木々の枝から新芽が出てくる。

❷ 風でチューリップの花が茎から折れてしまった。

❸ 米を作る時は、まず苗を育て、ある程度大きくなったら田植えをする。

④ バラの苗木を買ってきて、庭に植えた。

❺ 私が小さい頃は、薪でお風呂を沸かした。
　　　　　　ころ　　　　　ふろ

❻ 昔は川の堤<sub>つつみ</sub>に雑草が**繁茂**しており、その**茂み**の中にたぬきやきつねが住んでいた。

❼ <u>渓谷</u>の下を<u>渓流</u>が流れ、ところどころ<u>滝</u>になっている。また、この川の上流の方は<u>雪渓</u>になっている。

❽ アメリカ東部<sub>とうぶ</sub>のカナダとの国境地域には大小の湖や<u>沼</u>が<u>点在</u><sub>てんざい</sub>する。

❾ 鎌倉の大仏の中は<u>空洞</u>になっていて、人が入ることもできる。

❿ 円高が進み、企業は工場を次々に海外に移すことになった。いわゆる産業の<u>空洞</u>化である。

⓫ 原始人<sub>じん</sub>は<u>洞穴</u>やたて穴式住居<sub>あなしき</sub>に住んでいた。

⓬ 今の時代は、経済の将来を見通す優れた<u>洞察力</u><sub>みとお</sub>がなければ、いい企業経営者になれない。

⓭ 相手のためと思っていろいろしてあげても、余計なお世話と言われたのでは<u>立つ瀬がない</u>。

⓮ 東京湾の西には<u>三浦半島</u>、そして**↑**<u>伊豆半島</u><sub>いず</sub>が続いている。

⓯ 今は宅配便のサービス網が日本全国<u>津々浦々</u>まで広がっている。

⓰ 「現在降っている激しい雨も明日の早朝には<u>**峠を越し**</u>、お昼頃<sub>ごろ</sub>には日が差してくるでしょう。」

（天気予報）

⓱ <u>岬</u>の先に灯台がある。

| 岳 | 堤 | 樹 | 柳 | 桑 | 穂 | 畔 | 暁 | 昆 |
|---|---|---|---|---|---|---|---|---|
| 1851 | 1852 | 1853 | 1854 | 1855 | 1856 | 1857 | 1858 | 1859 |
| 蚊 | 蛇 | 巣 | 鶏 | 獣 | 猿 | 蚕 | 竜 | |
| 1860 | 1861 | 1862 | 1863 | 1864 | 1865 | 1866 | 1867 | |

Ⅰ. 次の表現を勉強し、＿＿＿の言葉の意味と読み方を覚えなさい。

① 軍事政権 / 社会主義政権 を樹立する　　❷ 柳の枝が風に揺れる

❸ 湖畔の宿　　　　④ 川が蛇行する

⑤ 鳥獣保護区

Ⅱ. 次の表現を比較し、＿＿＿の言葉の意味と読み方を覚えなさい。

❶ 平野　　山岳地帯　　　　❷ 川の堤防　　海岸の防波堤

❸ 街路樹　　果樹園　　　　❹ 俳句　　川柳　　連歌
　　　　　　　　　　　　　　　　　　　　　れん が

❺ 桑　　桑畑　　　　　　　❻ 麦の穂　　稲穂

⑦ 昆布　　わかめ　　　　　❽ 蚊に刺される　　蛇にかまれる

❾ 蛇　　大蛇　　水道の蛇口　⑩ 鳥の巣　　小鳥の巣箱

⑪ 鶏　　鶏卵　　　　　　　⑫ 蚕　　養蚕業

Ⅲ. ＿＿＿の言葉の読み方を書きなさい。

❶ 日本で一番高い山は富士山、二番目は南アルプスの北岳だ。

❷ 大雨で堤防が決壊し、たくさんの家が床下浸水した。
　　　　　けっかい　　　　　　　　　　　ゆかした

❸ 山登りの時は、まだ暗いうちに起きて、暁を待たずに歩き始める。

❹ 蚊に刺されたところがかゆい。

⑤ スタジアムの前にはチケットを買い求める人々で<u>長蛇</u>の列ができた。

❻ 「このようにして、度々洪水を起こした大田川(おおた)ですが、明治15年、ついに<u>**堤防**</u>が完成し、その後現在まで、ほとんど洪水はなくなりました。<u>**蛇足**</u>になりますが、私のご先祖様も、この<u>**堤防**</u>作りに参加したという記録が残っています。」

⑦ <u>卵巣</u>から女性ホルモンが分泌される。

❽ 手術により<u>**病巣**</u>を切除(せつじょ)することになった。

❾ 卵と言えば、<u>**鶏卵**</u>を指すことが多い。

❿ かつて行動を共にしていた二人も、今では<u>**犬猿の仲**</u>らしい。

⓫ 日本は戦前までは<u>**養蚕業**</u>が盛んだったが、戦後急速に衰退した。

⓬ おじさんの家の床の間には<u>**竜**</u>の絵が飾ってあった。

⓭ アメリカのミシシッピ川周辺の地域ではしばしば<u>**竜巻**</u>が起こり、大きな被害をもたらす。

┌─ 〈動物のいろいろな呼び方〉 ─────────────

<u>猿</u>やたぬきなどの森の<u>**獣**</u>

ライオンやとらなどの<u>**猛獣**</u>

↑狼や熊などの<u>**野獣**</u>
(おおかみ)(くま)

ちょうやとんぼなどの<u>**昆虫**</u>

ゴリラやチンパンジーなどの<u>類人猿</u>

└─────────────────────────

| 姫 | 妃 | 嫡 | 奴 | 隷 | 后 | 騎 | 爵 | 侯 | 伯 | 侍 | 仁 |
|------|------|------|------|------|------|------|------|------|------|------|------|
| 1868 | 1869 | 1870 | 1871 | 1872 | 1873 | 1874 | 1875 | 1876 | 1877 | 1878 | 1879 |

| 仙 | 孔 | 尉 | 吏 | 虜 | 嗣 | 陵 | 楼 | 墳 | 塚 | 藩 |
|------|------|------|------|------|------|------|------|------|------|------|
| 1880 | 1881 | 1882 | 1883 | 1884 | 1885 | 1886 | 1887 | 1888 | 1889 | 1890 |

Ⅰ. 次の表現を勉強し、＿＿＿＿の言葉の意味と読み方を覚えなさい。

❶ アメリカの南北戦争と**奴隷**解放運動

❷ 競馬の**騎手**

③ 王**侯**貴族の華麗な生活

④ 実力が**伯仲**している

❺ **仁義**なき戦い

⑥ **仁王**のような恐ろしい顔

❼ 山の中に住む**仙人**

❽ 商家の**嗣子**
　　　　　しょうか

❾ 古代の天皇や豪族などの**古墳**
　　　　　　ごうぞく

⑩ **塚**を築く

Ⅱ. 次の表現を比較し、＿＿＿＿の言葉の意味と読み方を覚えなさい。

❶ シンデレラ**姫**　　白雪**姫**　　舞**姫**
　　　　　　　　　しらゆき　　まい

❷ 女王　　**王妃**

③ 皇太子殿下　　**妃殿下**

④ 天皇陛下　　**皇后**陛下　　天皇**皇后**両陛下

⑤ ヨーロッパの**騎士**道　　日本の武士道

⑥ 農耕民族　　**騎馬民族**

❼ 公爵　　**侯爵**　　伯爵　　子爵　　男爵
　　　　　　　　　　　　　　し　　　だん

❽ **侍医**　　**侍従**

❾ 中世ヨーロッパの**騎士**　　日本の 武士／**侍**

⑩ **孔子**　　儒教
　　　　　　じゅきょう

⑪ **大尉**　　中尉　　少尉

⑫ **陵墓**　　**陵**

⑬ **藩**　　藩主　　家臣

Ⅲ. ＿＿＿＿の言葉の読み方を書きなさい。

❶ 戦前の民法では、家の財産は**嫡子**がすべて相続した。
　　　　　みんぽう

② 清国最後の<u>皇太后</u>である西太后は、絶大な権力を持っていた。

③ 日本の<u>爵位</u>には「公侯伯子男」の5つの位階があった。しかし戦後、この制度は廃止された。

❹ 「<u>伯父</u>」「<u>伯母</u>」は両親の兄と姉、「叔父」「叔母」は両親の弟と妹である。

❺ この壁画は高名な<u>画伯</u>の手になるものだ。

❻ 昔、中国には科挙と呼ばれる<u>官吏</u>登用の試験があった。今で言う、公務員採用試験である。

❼ 戦争に負けて<u>捕虜</u>になり、収容所に入れられた。

❽ 歴代天皇の<u>陵墓</u>はほとんど京都や奈良付近にあるが、大正天皇と昭和天皇の<u>陵墓</u>は東京にある。

❾ 室町時代に建立された本堂は、<u>鐘楼</u>と共に重要文化財に指定されている。

❿ 唐の長安の町には<u>楼閣</u>が立ち並び、諸国の人々が集まり大変な賑わいだった。

⓫ 1877年、アメリカ人モースが大森<u>貝塚</u>を発掘調査した。これが<u>貝塚</u>研究の始まりとなる。

⓬ 江戸時代の日本は約300の<u>藩</u>に分かれ、各<u>藩</u>はそれぞれ自治権を認められていた。

| 儒 | 艦 | 租 | 帥 | 勅 | 遷 | 赦 | 賜 | 謁 |
|------|------|------|------|------|------|------|------|------|
| 1891 | 1892 | 1893 | 1894 | 1895 | 1896 | 1897 | 1898 | 1899 |
| 窯 | 戯 | 婆 | 韻 | 吟 | 詠 | 琴 | 宵 | |
| 1900 | 1901 | 1902 | 1903 | 1904 | 1905 | 1906 | 1907 | |

Ⅰ．次の表現を勉強し、＿＿＿の言葉の意味と読み方を覚えなさい。

❶ 軍艦を建造する
けんぞう

❷ 陸海空三軍の総帥に就任する

❸ 小説を戯曲化する

❹ 海辺で波と戯れる

⑤ 戯れの恋

❻ 韻を踏む

⑦ 韻律の美しい詩

❽ 和歌／漢詩 を詠む

❾ 琴の美しい調べ

Ⅱ．次の表現を比較し、＿＿＿の言葉の意味と読み方を覚えなさい。

❶ 儒教　儒学　儒学者

❷ 租税を課する　⟷　租税を納める

❸ 恩賜の時計　恩賜公園

❹ 老婆　産婆　隣の*お婆さん

⑤ 韻文　散文

❻ 琴　木琴　鉄琴
てっ

Ⅲ．＿＿＿の言葉の読み方を書きなさい。

❶ 日本に儒教が入ってきたのは５世紀頃だが、一般に広まったのは江戸時代になってからである。
ごろ
幕府は、儒学の中でも特に朱子学を、封建社会を維持するための教学として厚く保護した。
しゅし

❷ 第二次大戦が始まるまでは巨大軍艦の時代だったが、それ以後は戦闘機の時代となり、今では
電子兵器の時代になっている。

③ 1588 年、イギリスはスペインの無敵艦隊を破り、以後イギリスが覇権を握るようになった。
むてき

❹ 戦前の小学校では、儀式の際、校長が教育勅語を朗読することが定められていた。

❺ テレビ番組は、風俗や言葉遣いの**変遷**をたどるのに役に立つ。

❻ 昭和天皇崩御に際して**恩赦**が行われた。

❼ 天皇陛下から**賜った**勲章を家宝として大切に保管している。
かほう　　　　　　　　　　　　ほかん

❽ 将軍に**拝謁**するために、100畳以上もあろうかと思われる**謁見**の間に通された。
ま

❾ **窯業**の盛んな町を歩いていると、あちこちで大きな**窯**を目にする。

⑩ 江戸時代、多くの**戯作**本が出版された。

⑪ 料理は材料を**吟味**するところから始まる。

⑫ スクリーンに映し出された大雪渓の雄大な景色に、観客は**詠嘆の声**を上げた。

⑬ 映画監督になって、**心の琴線**に触れるような作品を作りたい。

⑭ 午後8時と言っても、夏ならまだ**宵**の口だ。

| 乙 | 丙 | 厘 | 壱 | 弐 | 坪 | 斤 | 升 | 屯 | 隻 |
|---|---|---|---|---|---|---|---|---|---|
| 1908 | 1909 | 1910 | 1911 | 1912 | 1913 | 1914 | 1915 | 1916 | 1917 |
| 斗 | 凸 | 凹 | 但 | 且 | 嚇 | 隆 | 坑 | 呉 | 艇 |
| 1918 | 1919 | 1920 | 1921 | 1922 | 1923 | 1924 | 1925 | 1926 | 1927 |

Ⅰ. 次の表現を勉強し、＿＿＿の言葉の意味と読み方を覚えなさい。

❶ (野球の) 打率３割３分３厘

❷ 自衛隊の駐屯地

❸ 敵を威嚇する

❹ 大地が隆起して山ができる

❺ 自衛隊の艦艇

Ⅱ. 次の表現を比較し、＿＿＿の言葉の意味と読み方を覚えなさい。

❶ 凸レンズ　　凹レンズ

❷ 食パン１斤　　酒１升

❸ 一升瓶　　一斗缶

❹ 北斗七星　　北極星

❺ 道の凹凸を避けて走る　　凸凹道

❻ 呉服　　呉服店　　呉服商

Ⅲ. ＿＿＿の言葉の読み方を書きなさい。

❶ 戦前の学校の成績表では、数字ではなく、甲、乙、丙、丁を使っていた。

② 長男も次男もとても優秀で、甲乙つけがたい。

❸ 星占いによると、乙女座の今日の運勢はいいそうだ。

❹ 今でも領収書などでは、「壱万円」「弐万円」「弐拾万円」などと書くことがある。

❺ 一坪というのは畳２枚分の広さのことだ。

❻ 木製の升で飲むと、日本酒がよりおいしく感じられる。

❼ 嘉永６年（1853年）、アメリカ東インド艦隊指令長官ペリーは軍艦４隻を率いて浦賀に来航。大統領の国書を差し出して、日本に開国を求めた。

❽ 「親権を行う者は、子の財産を管理し、<u>且つ</u>、その財産に関する法律行為についてその子を代表
する。<u>但し</u>、その子の行為を目的とする債務を生ずべき場合には、本人の同意を得なければな
らない。」(民法第824条)

❾ 1950年代、アメリカの自動車産業は<u>**隆盛**</u>を極め、その勢いはオイルショックまで続いた。

❿ 日本の<u>炭坑</u>は、すでに大部分が閉鎖されている。

⓫ 日本の公営ギャンブルと言えば、競馬、競輪、<u>**競艇**</u>が代表的なものだ。

| 佳 | 痘 | 曹 | 恭 | 詔 | 褒 | 騰 | 朕 |
|---|---|---|---|---|---|---|---|
| 1928 | 1929 | 1930 | 1931 | 1932 | 1933 | 1934 | 1935 |
| 畝 | 翁 | 逓 | 塑 | 虞 | 繭 | 璽 | |
| 1936 | 1937 | 1938 | 1939 | 1940 | 1941 | 1942 | |

Ⅰ. 次の表現を勉強し、＿＿＿の言葉の意味と読み方を覚えなさい。

① 佳人薄命
　　　はくめい

② 開戦の詔書

❸ 大日本国璽

Ⅱ. 次の表現を比較し、＿＿＿の言葉の意味と読み方を覚えなさい。

❶ 最優秀賞　　優秀賞　　佳作

❷ 天然痘　　種痘

❸ 政界　　財界　　法曹界

❹ 詔勅　　詔書　　詔

❺ 褒める ←→ ▲貶す
　　　　　　　　けな

❻ 老婆　　老翁　　隣のお▲爺さん　　うちの*お祖父さん （*「おじいさん」は常用漢字外の読み方）
　　　　　　　　　　　　じい　　　　　　　　　　じ い

❼ 彫塑　　彫刻　　塑像

❽ 可塑性　　可塑剤

❾ 繭　　繭糸
　けん し

Ⅲ. ＿＿＿の言葉の読み方を書きなさい。

❶ ＷＨＯの活動のおかげで天然痘は地球上から根絶された。

② 軍隊では、鬼軍曹にしごかれた思い出しかない。

❸ 徳川最後の将軍は、新政府に恭順の意を示した。

❹ 宿に着くと、主人が玄関まで出てきて恭しく挨拶をした。
　　　　　　　　　　　　　　　　　　　　　あいさつ

❺ 「お手伝いをしたらご褒美をあげるよ。」

❻ 初めてパスポートを申請する際には、<u>戸籍謄本</u>が必要だ。

❼ 昔は天皇は「私」の意味で「<u>朕</u>」を使っていた。

❽ 畑に<u>畝</u>を作って種をまく。

❾ 鉄道運賃の多くでは、長距離になるほど1キロ当たりの料金が安くなる「遠距離<u>逓減</u>制度」が採用されている。

❿ 「裁判所が、裁判官の全員一致で、公の秩序又は善良の風俗を害する<u>虞</u>があると決した場合には、対審は、公開しないでこれを行うことができる。」(日本国憲法第八十二条)

# 第 7 水準
（Level 7）

第 144 回〜第 156 回

| 茨 | 栃 | 埼 | 阜 | 奈 | 阪 | 岡 | 媛 | 畿 | 鎌 | 弥 | 韓 |
|---|---|---|---|---|---|---|---|---|---|---|---|
| 1943 | 1944 | 1945 | 1946 | 1947 | 1948 | 1949 | 1950 | 1951 | 1952 | 1953 | 1954 |

Ⅰ. 次の表現を勉強し、＿＿＿の言葉の意味と読み方を覚えなさい。

❶ あえて<u>茨</u>の道を選ぶ

❷ <u>岐阜県</u>岐阜市

❸ <u>奈落</u>に落ちる

❹ 大学院出の<u>才媛</u>

⑤ <u>畿内</u>の古墳

❻ <u>鎌倉</u>の大仏

❼ <u>弥生</u>３月

❽ ２泊３日の<u>韓国</u>ツアー

Ⅱ. 次の表現を比較し、＿＿＿の言葉の意味と読み方を覚えなさい。

❶ <u>神奈川県</u>　　<u>奈良県</u>

❷ <u>大阪府</u>　　<u>阪神高速道路</u>　　関西地方

❸ <u>岡山県</u>　　静岡県　　福岡県　　長岡市　　岡崎市

❹ <u>愛媛県</u>　　香川県（かがわ）　　高知県（こうち）　　徳島県（とくしま）

⑤ <u>韓国</u>（大韓民国）　　北朝鮮（朝鮮民主主義人民共和国）

Ⅲ. ＿＿＿の言葉の読み方を書きなさい。

❶ 関東地方は、東京都、<u>茨城県</u>、<u>栃木県</u>、群馬県（ぐんま）、<u>埼玉県</u>、千葉県、<u>神奈川県</u>の１都６県（いっとろっ）である。

❷ 夢破れ、希望も失い、<u>奈落</u>の底に突き落とされた気分だ。

❸ <u>阪神高速道路</u>は大阪と神戸を結ぶ自動車道である。

❹ 「台風の接近に伴い、<u>近畿</u>・北陸（ほくりく）・東海地方（とうかい）の風雨はさらに勢いを増す見込みです。」（天気予報）

⑤ 古代日本の邪馬台国（やまたいこく）がどこにあったのか、九州説と<u>畿内</u>説に学説が分かれている。

❻ 今でも<u>鎌倉</u>には、<u>鎌倉</u>時代そのままの雰囲気を残す場所がある。

❼ 現在の東京都文京区<u>弥生</u>から土器が出土したことから、その土器が作られた時代に「<u>弥生</u>時代」という名が付けられた。

❽ <u>韓国</u>の正式名称は<u>大韓民国</u>だが、単に<u>韓国</u>と言うことの方が多い。

1. 北海道 ── 北海道地方
   ほっかいどう　　　ほっかいどう ち ほう
2. 青森県
   あおもりけん
3. 秋田県
   あき た けん
4. 岩手県
   いわて けん
5. 山形県　　　　東北地方
   やまがたけん　　とうほく ち ほう
6. 宮城県
   みや ぎ けん
7. 福島県
   ふくしまけん
8. 栃木県
   とち ぎ けん
9. 茨城県
   いばら き けん
10. 千葉県
    ち ば けん
11. 群馬県　　　　関東地方
    ぐん ま けん　　かんとう ち ほう
12. 埼玉県
    さいたまけん
13. 東京都
    とうきょう と
14. 神奈川県
    か な がわけん
15. 新潟県
    にいがたけん
16. 長野県　　　甲信越地方
    なが の けん　　こうしんえつ ち ほう
17. 山梨県
    やまなしけん
18. 富山県
    と やまけん
19. 石川県　　　北陸地方　　中部地方
    いしかわけん　　ほくりく ち ほう　　ちゅう ぶ ち ほう
20. 福井県
    ふく い けん
21. 岐阜県
    ぎ ふ けん
22. 静岡県　　　東海地方
    しずおかけん　　とうかい ち ほう
23. 愛知県
    あい ち けん

24. 滋賀県
    し が けん
25. 三重県
    み え けん
26. 京都府
    きょう と ふ
27. 大阪府
    おおさか ふ　　近畿地方
28. 奈良県　　　きん き ち ほう
    な ら けん
29. 和歌山県
    わ か やまけん
30. 兵庫県
    ひょう ご けん
31. 鳥取県
    とっとりけん
32. 岡山県
    おかやまけん
33. 島根県　　　中国地方
    しま ね けん　　ちゅうごく ち ほう
34. 広島県
    ひろしまけん
35. 山口県
    やまぐちけん
36. 香川県
    か がわけん
37. 徳島県
    とくしまけん　　四国地方
38. 高知県　　　し こく ち ほう
    こう ち けん
39. 愛媛県
    え ひめけん

40. 福岡県
    ふくおかけん
41. 佐賀県
    さ が けん
42. 長崎県
    ながさきけん
43. 大分県　　　九州地方
    おおいたけん　　きゅうしゅう ち ほう
44. 熊本県
    くまもとけん
45. 宮崎県
    みやざきけん
46. 鹿児島県
    か ご しまけん
47. 沖縄県 ── 沖縄地方
    おきなわけん　　おきなわ ち ほう

| 柿 | 梨 | 蜜 | 麺 | 餅 | 餌 | 酎 | 串 | 箸 | 丼 | 釜 | 鍋 | 煎 | 膳 |
|---|---|---|---|---|---|---|---|---|---|---|---|---|---|
| 1955 | 1956 | 1957 | 1958 | 1959 | 1960 | 1961 | 1962 | 1963 | 1964 | 1965 | 1966 | 1967 | 1968 |

Ⅰ. 次の表現を勉強し、＿＿＿の言葉の意味と読み方を覚えなさい。

❶ 柿の木に実がなる

❷ 梨の皮をむく

❸ 黒蜜の入ったカステラ

❹ 正月に餅をつく

❺ 金魚に餌を やる / 与える

⑥ 野生動物を餌付けする

❼ 箸で食べる

❽ 豆 / ごま を煎る

Ⅱ. 次の表現を比較し、＿＿＿の言葉の意味と読み方を覚えなさい。

❶ 渋柿　干し柿
　　しぶ　ほ

❷ 梨　（西）洋梨

❸ 蜜　蜂蜜　蜜蜂
　　　　はち　　ばち

❹ 焼酎　酎ハイ

❺ 串カツ　串団子
　　　　　　だんご

❻ 割り箸　菜箸　箸置き

❼ 天丼　牛丼　親子丼　海鮮丼
　　　　ぎゅう　　　　　かいせん

❽ 釜飯　鉄釜
　　めし

❾ 鍋物　土鍋　圧力鍋　鍋料理
　　　　ど　　あつりょく

❿ 緑茶　煎茶　番茶
　　りょく　　　　ばん

⓫ 煎る　焼く　煮る　揚げる

Ⅲ. ＿＿＿の言葉の読み方を書きなさい。

① 政治家と建設会社の蜜月関係が報道され、問題になっている。

❷ 暑い夏には冷たい麺類が食べたくなる。

③ 私は犬を二匹飼っているが、一匹ばかりをかわいがるともう一匹が焼き餅を焼く。

❹ 日本庭園にあった休憩所で、お煎餅を食べて煎茶を飲んだ。

❺「はとに餌を与えないでください」と公園の入リロに書いてあった。

108

❻ 足を怪我した鹿はライオンの**餌食**になってしまうことがある。
　　　　け　が　　　しか

❼ 彼の作品は批評家の**餌食**となり、多くの雑誌で批判された。

❽ 私の父は、毎晩**焼酎**を炭酸水で割って飲む習慣がある。
　　　　　　　　たんさんすい

❾ バーベキューは普通に焼くより、**串刺し**にして焼いた方が雰囲気が出る。

❿ 漆塗りの**箸**を二膳買って、新婚の友人夫婦にプレゼントした。

⑪ 部下：あの工場を解体するのにおそらく１千万円ぐらいかかります。
　　　　　　　　かいたい
　　上司：そんな**丼勘定**じゃだめだ。きちんと見積もりを立てなさい。

⑫ 彼とは同じ**釜**の飯を食った仲なので家族同然だ。
　　　　　　　　　　　　　　　　どうぜん

⑬ 創業社長の**後釜**に座ったＡ氏の評価は最悪であった。
　　そうぎょう

⑭ **鍋物**を食べると体が温まるので健康にいいらしい。

⑮ この漢方薬は数種類の薬草を**煎じて**作られたものだ。
　　　かんぽうやく　　　　　やくそう

⑯ 今度の新しい部長は、社長の**肝煎り**でライバル会社から引き抜かれたといううわさがある。

⑰ お寺で精進料理を食べた時、お**膳**で食事が運ばれてきた。

⑱ アルバイトで**配膳**の仕事をしていたことがある。

⑲ 友人に**お膳立て**をしてもらい、大会社の社長に会うことができた。

| 眉 | 瞳 | 頬 | 顎 | 拳 | 爪 | 臼 | 肘 |
|------|------|------|------|------|------|------|------|
| 1969 | 1970 | 1971 | 1972 | 1973 | 1974 | 1975 | 1976 |
| 股 | 膝 | 尻 | 捻 | 挫 | 痩 | 箋 | |
| 1977 | 1978 | 1979 | 1980 | 1981 | 1982 | 1983 | |

Ⅰ．次の表現を勉強し、＿＿＿＿の言葉の意味と読み方を覚えなさい。

❶ 頬を赤らめて恥ずかしがる

❷ 拳を握る / 振り上げる

❸ 爪が伸びている

④ 爪先で歩く / 立つ

❺ 机に肘をつく

⑥ 重要なところに附箋を付ける / 貼る

⑦ 処方箋を出す / もらう

Ⅱ．次の表現を比較し、＿＿＿＿の言葉の意味と読み方を覚えなさい。

❶ 顎関節　　股関節　　肩関節

❷ 拳銃　　猟銃　　散弾銃

③ 拳法　　太極拳　　空手

④ 前歯　　奥歯　　犬歯　　臼歯

❺ 臼　　石臼

⑥ 骨を折る　　関節を脱臼する　　足首を捻挫する

❼ 痩せる / 痩せている　　←→　　太る / 太っている

❽ 便箋　　封筒

Ⅲ．＿＿＿＿の言葉の読み方を書きなさい。

❶ 彼は隣の人の差別的な言葉を聞くと、不愉快そうに眉をひそめた。

❷ 不平不満を抱えていると、眉間にしわができる。

❸ 子供たちにつぶらな瞳で見つめられると、心が清らかになる。

❹ 瞳孔は、好きな人や食べ物、つまり興味のある物を見ると、大きく開く。

❺ 友達の失敗談を聞いて、顎が外れそうになるくらい大笑いをした。

❻ 講演会を聞いているうちについ寝てしまったら、隣の人に肘でつつかれた。

❼ 電車で股を広げて座ると、周りの人に迷惑だ。

⑧ 和服を着た時、大股で歩くと着物の裾が乱れるので、内股で歩いた方が小股になって美しく見える。

⑨ 友人は非常に有名な写真家で、世界を股にかけて活躍している。

⑩ 彼女が付き合っていた人は二股をかけていて、結局他の女性と結婚したそうだ。なんてひどい人だろう。

⓫ 「正座していたら、脚が痛いでしょう。どうぞ、膝を崩して、お楽になさってください。」

⑫ 労働組合委員長と社長との膝詰め談判により、給料カットが回避された。

⑬ 徳川幕府のお膝元であった江戸では、町人文化が大いに栄えた。

⓮ 脂肪は*お腹やお尻などにつきやすい。

⑮ バンジージャンプをしようと、ジャンプ台の途中まで行ったが、あまりの高さに尻込みしてしまった。

⓰ おじいさんは孫と話す時は、目尻を下げて本当にうれしそうな顔をする。

⑰ あいつは本質的なことでなく、言葉尻を捉えて相手に文句を言っている。あれでは議論にならない。

⑱ 重病の父の手術費用を捻出するために、持っていた土地を売却した。

⑲ 失業率を下げるためのいい処方箋が見つからない。

| 唾 | 咽 | 喉 | 腎 | 脊 | 腺 | 腫 | 骸 | 瘍 | 痕 | 斑 | 潰 | 椎 | 梗 |
|---|---|---|---|---|---|---|---|---|---|---|---|---|---|
| 1984 | 1985 | 1986 | 1987 | 1988 | 1989 | 1990 | 1991 | 1992 | 1993 | 1994 | 1995 | 1996 | 1997 |

Ⅰ. 次の表現を勉強し、_____ の言葉の意味と読み方を覚えなさい。

❶ 唾を吐く / とばす

② 喉越しの良いビール

❸ 肝腎な話

❹ 歯茎が腫れる

⑤ 泣き腫らした目

⑥ 腫れがひく

⑦ 事故車の残骸

❽ 腫瘍 / 潰瘍 ができる

❾ 痕跡が ある / ない

Ⅱ. 次の表現を比較し、_____ の言葉の意味と読み方を覚えなさい。

❶ 耳鼻咽喉科　　耳鼻科

❷ 腎臓　　肝臓　　心臓

❸ 脊椎動物　　無脊椎動物

❹ 涙腺　　汗腺　　リンパ腺

❺ 悪性腫瘍　　良性腫瘍
　あくせい　　りょうせい

❻ 胃潰瘍　　十二指腸潰瘍
　　　　　じゅうに し ちょう

❼ 計画が潰れる　―　計画を潰す

❽ 脳梗塞　　心筋梗塞

Ⅲ. _____ の言葉の読み方を書きなさい。

❶ 唾液は虫歯の予防に欠かせないものである。

② 催眠術は眉唾物だと思っていたが、実際に見て考えが変わった。

❸ 火災現場の救助活動を、周囲は固唾をのんで見守っていた。
　げん ば

❹ 喉が痛くなったので耳鼻咽喉科のある大学病院に行ったら、咽頭炎だと言われた。
　　　　　　　　　　　　　　　　　　　　とうえん

⑤ 田舎のお祭りで喉自慢大会が開かれていたので、一曲歌ったら優勝してしまったことがある。

⑥「喉元過ぎれば熱さ忘れる」とよく言われるが、今回の地震の教訓も多くの人が忘れつつある。

❼ 何事も基本が**肝腎だ**が、応用力も身につけていかなければいけない。

⑧ **脊髄**に異常があることが健康診断で明らかになった。

❾ 年をとると**涙腺**がゆるくなって涙もろくなったと感じることがある。

❿ 脳に**腫瘍**ができて手術をすることになった。

⑪ サッカーの試合中に足首を捻挫したが、氷で冷やしたら**腫れ**がひいたので、再び試合に出ることができた。

⑫ 油で汚染された海岸に、大量の水鳥や魚の**死骸**が打ちあげられた。

⑬ 新しい制度が**形骸化**しないように政府は努力すべきだ。

⑭ 食糧難で子供たちが**骸骨**のようにやせ細ってしまった。
なん

⑮ 胃**潰瘍**はストレスも原因の一つだと言われている。

⑯ 今回の調査で、この地域に人が住んでいた**痕跡**が見つかった。

⑰ 警察が鍵を開けて入ると、部屋には**血痕**が残されていた。
かぎ

⑱ 台風2号は非常に大型だったため、多くの農作物が被害を受けるなど、県内各地に大きな**爪痕**を残した。
のうさくぶつ

⑲ ハリセンボンという魚は、体に小さな黒い**斑点**がたくさんある。

⑳ 待ち合わせの時間より1時間も早く着いてしまったので、本屋で時間を**潰した**。

㉑ 空き缶は**潰して**から捨てればゴミの量が減らせる。

㉒ 勤めていた会社が**潰れて**しまったので、新しい仕事を探さなければいけない。

| 鹿 | 虎 | 熊 | 哺 | 牙 | 亀 | 鶴 | 蜂 | 虹 | 嵐 |
|---|---|---|---|---|---|---|---|---|---|
| 1998 | 1999 | 2000 | 2001 | 2002 | 2003 | 2004 | 2005 | 2006 | 2007 |
| 崖 | 麓 | 窟 | 葛 | 藤 | 藍 | 堆 | 湧 | 沃 | 闇 |
| 2008 | 2009 | 2010 | 2011 | 2012 | 2013 | 2014 | 2015 | 2016 | 2017 |

Ⅰ．次の表現を勉強し、＿＿＿の言葉の意味と読み方を覚えなさい。

❶ 紙で**鶴**を折る

② パンに**蜂蜜**を塗る

❸ 空に**虹**がかかる

❹ 温泉 / 石油 が**湧く**

❺ **肥沃な**土地

Ⅱ．次の表現を比較し、＿＿＿の言葉の意味と読み方を覚えなさい。

❶ **鹿**　　**虎**　　**熊**

❷ **鹿**児島県　　**熊**本県

❸ **哺乳類**　　は虫類

❹ **鶴**　　千羽**鶴**

❺ **蜂**　　**蜂蜜**　　**蜂**の巣

❻ **嵐**　　台風

❼ **崖**　　断**崖**絶壁

❽ ラスコーの**洞窟**　　バーミヤンの**石窟**

❾ **葛**飾区　　足立区　　江戸川区
　　　　　　あだち　　えどがわ

❿ **藍色**　　紺色

⓫ **湧き水**　　**湧水**

⓬ **闇市**　　**闇**取引

Ⅲ．＿＿＿の言葉の読み方を書きなさい。

❶ A社社長：B社の情報がどうしても欲しい。そこで「**虎穴**に入らずんば虎児を得ず」だ。A社
　　　　　　じ
　　　　　　の社員であることを隠して、B社で働いてくれ。
　　A社社員：えっ。それはちょっと……。

❷ いるかと鯨は**哺乳類**だ。

❸ 母**虎**は、子**虎**を狙う人間に**牙**をむいて襲いかかった。
　　　　　　　　ねら

114

❹ 大阪は阪神タイガースの**牙城**だ。ジャイアンツのファンには住みにくい。

❺ 研究者は**象牙**の塔にこもるばかりでなく、地域社会と交流を深めるべきである。

❻ 派閥争いが原因で、党内に**亀裂**が生じた。

❼ 「田中先生、百歳のお誕生日おめでとうございます。『**鶴**は千年、**亀**は万年』と申します。さらなるご長寿とご活躍を心よりお祈り申し上げます。」

❽ 独裁者の悪政に民衆が**蜂起**した。

⑨ ５千万円の借金、失職、離婚の危機。この映画は、人生の**崖っぷち**に立っている男の物語だ。

⑩ ドーバー海峡の**断崖**に立って下を見たら、怖くて足がすくんだ。

⑪ 下山していると木々の間から民家が見え始め、**麓**が近づいてきたことが分かった。

⑫ 富士**山麓**に広がる樹海には、約200種の鳥がいる。

⑬ **洞窟**に入ってしばらくすると、目が暗闇に慣れて、中の様子が分かるようになった。

⑭ 20世紀の初め、この地域ではアヘンが売られ、犯罪が横行し、悪の**巣窟**と呼ばれた。

⑮ 会社の利益を優先させるか、それとも自分の正義感に従うのか、**葛藤**した。

⑯ 長年にわたる親子の心理的な**葛藤**を描いている作品といえば、シェイクスピアの「リア王」が頭に浮かぶ。

⑰ **葛**は秋に、**藤**は春に花をつける。

⑱ 川が運んだ土砂が**堆積**して、平野ができた。

⑲ 議論をしているうちに、次々とアイデアが**湧き**出た。

⑳ Ａ：株主総会で、社長が辞めさせられたそうだよ。
　　Ｂ：ええっ。社長は一代でここまでの大会社にした人なのに。人間、一寸先は**闇**だね。

㉑ 戦後の**闇市**では、金さえ出せば何でも手に入った。

| 玩 | 駒 | 呂 | 巾 | 袖 | 裾 | 籠 | 蓋 |
|---|---|---|---|---|---|---|---|
| 2018 | 2019 | 2020 | 2021 | 2022 | 2023 | 2024 | 2025 |
| 芯 | 瓦 | 鍵 | 枕 | 柵 | 椅 | 舷 | |
| 2026 | 2027 | 2028 | 2029 | 2030 | 2031 | 2032 | |

Ⅰ. 次の表現を勉強し、＿＿＿の言葉の意味と読み方を覚えなさい。

① 語呂がいい / 悪い

❷ 着物 / スカート / ズボン / 上着 の裾

❸ 芯が強い人

❹ 事件 / 勝敗 の鍵を握る

❺ 椅子に座る / 腰(を)掛ける

Ⅱ. 次の表現を比較し、＿＿＿の言葉の意味と読み方を覚えなさい。

❶ 風呂を沸かす　　風呂に入る

❷ 雑巾　　布巾　　茶巾
ちゃ

❸ 雑巾を絞る / かける　　雑巾がけ

❹ 長袖　　半袖　　七分袖　　袖なし
しち ぶ

❺ 袖　　裾　　襟

❻ 山裾　　山麓

❼ 籠　　鳥籠　　買い物籠

❽ 缶に蓋をする ⟷ 缶の蓋をとる

❾ 頭蓋骨　　骸骨　　どくろ

❿ シャープペンシルの替え芯　　りんごの芯　　ろうそく / キャンドル の芯

⓫ 瓦　　瓦屋根

⓬ 瓦解　　崩壊　　壊滅
かいめつ

⓭ 鍵を掛ける ― 鍵が掛かる

⓮ 鍵を開ける ⟷ 鍵を閉める

Ⅲ. ＿＿＿の言葉の読み方を書きなさい。

❶ 生まれた年の動物を用いた *干支の玩具は、かつてはお守りとして身につけた。（*「えと」は常用
え と
漢字外の読み方。）

❷ その選手は初戦に勝ち、二回戦へ駒を進めた。
しょせん

116

❸ 江戸時代以前の**風呂**は、現代でいう蒸し**風呂**やサウナのようなものであった。

④ 長い数字や年表を覚える時は、「なくよ(794)うぐいす平安京」などと**語呂**合わせで覚えるといい。

❺ 援助はしたいが、予算が限られている以上、ない**袖**は振れない。

❻ 自動車は**裾野**の広い産業で、中小企業が支えている。

❼ 銀行で人質をとった**籠城**事件が発生した。

❽ 彼女は何日も部屋に**籠もり**、小説を書き上げた。

⑨ 1600年、関ヶ原という場所でその戦いの**火蓋**が切られた。

⑩ 汚職が原因で、政権が**瓦解**した。

⑪ 推理小説の中で、事件の**鍵**を握っているのは、謎の多い不思議な人物だ。

⑫ 最先端医療が、生命の神秘の扉を開く**鍵**を握っている。

⑬ ピアノは、**鍵盤**を強くたたくと、大きい音が出る。

⑭ 独裁者は暗殺の危機を脱し、今晩から**枕**を高くして眠れると思った。

⑮ 警察署から逃げ出した犯人が**柵**を乗り越えた先は、刑務所の敷地だった。

⑯ その政治家は大臣の**椅子**を狙っていたが、政権交代で夢が破れた。

⑰ タイタニック号は氷山に衝突して**右舷**に亀裂が入り、そこから浸水して沈没してしまった。

# 第 150 回

| 挨 | 拶 | 沙 | 汰 | 頃 | 旦 | 宛 | 隙 | 脇 | 桁 | 毀 | 錮 | 勾 |
|---|---|---|---|---|---|---|---|---|---|---|---|---|
| 2033 | 2034 | 2035 | 2036 | 2037 | 2038 | 2039 | 2040 | 2041 | 2042 | 2043 | 2044 | 2045 |

Ⅰ．次の表現を勉強し、＿＿＿の言葉の意味と読み方を覚えなさい。

❶ 間隙 を縫う / つく

❷ 8桁 の電卓

❸ 警察が容疑者を勾留 する

Ⅱ．次の表現を比較し、＿＿＿の言葉の意味と読み方を覚えなさい。

① 表沙汰になる　　警察沙汰になる　　裁判沙汰になる

② 食べ頃の桃　　飲み頃のワイン

③ 旦那　　主人　　夫　　うちの人

❹ 宛先　　宛名　　差出人
　　　　　　　さしだしにん

❺ 友人宛の手紙　　友人に宛てて手紙を書く

❻ 罰金　　拘留　　禁錮　　懲役　　死刑

Ⅲ．＿＿＿の言葉の読み方を書きなさい。

❶ 最近、引っ越しの挨拶をしない人が増えている。

❷ 「ご無沙汰しておりますが、お元気でしょうか。」(手紙)

③ 1年前に家を出て行った息子からはこれまでまったく音沙汰がなかったのだが、昨日になって
　突然電話がかかってきた。

❹ 子供の頃、よく川に遊びに出かけた。

⑤ 日頃の練習の成果が、試合に現れる。

⑥ 「この頃、夜よく眠れないんです。特に心配事があるわけじゃないんですが……」
　　　　　　ごと

❼ お節料理を元旦に食べるのが楽しみだ。

❽「クイズの答えと住所、氏名、年齢、職業を書いて、当社までお送りください。<u>宛先</u>は神奈川県横浜市〇〇〇です。」(テレビ)

❾ 壁とソファーの<u>隙間</u>にお金を落としてしまった。

❿ ぎっしりと詰まったスケジュールの<u>間隙</u>を縫って、社長がわざわざインタビューの時間を作ってくれた。

⑪ 高層ビル街にそびえる巨大なホテルの<u>脇</u>を抜けると、そこには小さな神社があった。

⑫ 話が<u>脇道</u>にそれて、会議が長引いてしまった。

⑬ 事故原因は、走行中にカーナビを操作しようとしたドライバーの<u>脇見運転</u>とのことだ。

⑭ <u>脇目</u>も振らず、一心不乱に勉強したおかげで、希望の大学に合格することができた。
　　　　　　　　　いっしんふらん

⑮ 洪水で<u>橋桁</u>が流されてしまった。

⑯ この映画の制作費は、これまでのものに比べて<u>桁外れ</u>に高い。

⑰ 人の名誉を傷つけるようなことを言うと、名誉<u>毀損</u>罪になり、3年以下の懲役もしくは<u>禁錮</u>、または50万円以下の罰金の刑になる。

⑱ この坂は<u>勾配</u>がきついので、4WDの車でないと登れないだろう。

| 賭 | 醒 | 溺 | 綻 | 踪 | 謎 | 蔽 | 詮 |
|------|------|------|------|------|------|------|------|
| 2046 | 2047 | 2048 | 2049 | 2050 | 2051 | 2052 | 2053 |
| 匂 | 嗅 | 狙 | 拉 | 乞 | 蹴 | 剝 | 斬 |
| 2054 | 2055 | 2056 | 2057 | 2058 | 2059 | 2060 | 2061 |

Ⅰ．次の表現を勉強し、＿＿＿＿の言葉の意味と読み方を覚えなさい。

❶ １番の馬に１万円を**賭ける**

❷ **溺死**体

③ 裾 / 花 が**綻びる**

❹ 裾の**綻び**

❺ **嗅覚**が 鋭い / 鈍い

❻ **匂い**を**嗅ぐ**

⑦ 敵の頭に**狙い**を定める

❽ 敵を刀で**斬る**

Ⅱ．次の表現を比較し、＿＿＿＿の言葉の意味と読み方を覚えなさい。

❶ **賭博**行為　　**賭博**容疑

❷ **溺死**　　焼死　　凍死　　餓死　　病死
　　　　　　　しょう　　　　　　　　　　びょう

❸ **隠蔽**工作　　**隠蔽**体質
　　　こうさく　　　　たいしつ

❹ 視覚　　聴覚　　味覚　　**嗅覚**　　触覚
　　し　　　　　　　　　　　　　　　　しょく

❺ **狙撃**銃　　**狙撃**手　　**狙撃**兵
　　　　　　　　しゅ

❻ 許し / 助け を**乞う**　　連絡 / 教え を**請う**

❼ ポスター / 皮 / 化けの皮 を**剝がす** ― ポスター / 皮 / 化けの皮 が**剝がれる**
　　皮 / 服 / 化けの皮 を**剝ぐ**　　インク / ペンキ / マニキュア が**剝げる**

Ⅲ．＿＿＿＿の言葉の読み方を書きなさい。

❶ 命を**賭けて** VIP を守るのが SP の役目だ。

❷ 登山をすると、眠っていた野生の勘が**覚醒**するようだ。

③ 親に**溺愛**されて育った子は、我がままな人間になりやすい。

❹ **覚醒剤**のような薬物に**溺れる**と、人生が**破綻**してしまう。
　　　　　　　やくぶつ

❺ 少子高齢化により、年金制度の**破綻**が懸念される。
　しょうしこうれいか　　　　　　　　　　　けねん

⑥ 隣の頑固なおじいさんは、孫の姿を見た時だけは顔が綻びるそうだ。

❼ 完璧な計画に綻びが生じてしまった。対策を考えなければならない。
しょう

❽ 失踪していた人気女優が見つかったが、彼女がその間何をしていたかは謎に包まれている。

⑨ 推理小説には謎解きの面白さがある。

⑩ 記者に囲まれた女優は、謎めいた微笑を一瞬浮かべ、無言で立ち去った。
むごん

⑪ 組織ぐるみで不祥事を隠蔽しようとする企業が後を絶たない。

⑫ 無線 LAN の電波は厚い壁などの遮蔽物があると到達距離が短くなる。
とうたつ

⑬ マスコミに私生活をしつこく詮索され、女優は疲れ切ってしまった。

⑭ 妖艶な役柄を演じている彼女も、所詮は普通の人間でしかない。
ようえん　やくがら

⑮ おいしそうな匂いに誘われて、思わず焼肉屋に入ってしまった。
やきにくや

⑯ 逮捕された殺人犯が、他の事件への関与も匂わせた。

⑰ 新聞記者は鋭い嗅覚で事件の本質に迫った。

⑱ 高齢者を狙った犯罪が、日本全国で多発している。
たはつ

⑲ 警察は、彼女が何者かに拉致された疑いがあるとして捜査を開始した。

⑳ 金を払わなければ殺すと脅されたが、何とか助けて下さいと命乞いをした。

㉑ 高校野球のヒーローが、プロ野球からの誘いを蹴って大学に進学した。

㉒ チャンピオンは強力な相手に KO 勝ちし、試合前の悪い評判を一蹴した。

㉓ 昨日は妻に怒られ、同僚にコーヒーをこぼされ、しかも蜂に刺されて踏んだり蹴ったりだった。

㉔ これまで面倒を見てくれた人を足蹴にしてはいけない。

㉕ 犯罪組織との癒着が明らかとなり、彼は弁護士資格を剥奪された。

㉖ 彼は社会問題を大胆に斬る評論家としてテレビで大人気になった。しかし誤った知識による発
ひょうろんか
　言が多く、すぐにメッキが剥がれて信用を失ってしまった。

㉗ A社は斬新な発想による人気商品を次々と市場に送り出している。

| 俺 | 傲 | 遜 | 辣 | 凄 | 貪 | 旺 | 淫 |
|---|---|---|---|---|---|---|---|
| 2062 | 2063 | 2064 | 2065 | 2066 | 2067 | 2068 | 2069 |
| 艶 | 妖 | 貌 | 摯 | 爽 | 璧 | 憧 | 憬 |
| 2070 | 2071 | 2072 | 2073 | 2074 | 2075 | 2076 | 2077 |

Ⅰ. 次の表現を勉強し、＿＿＿の言葉の意味と読み方を覚えなさい。

❶ **辛辣な** 意見 / 批判 / 態度

❷ **凄惨な** 事故現場 / 戦場 / いじめ
  げんば　せんじょう

❸ 惰眠 / 暴利 を **貪る**
  だみん　ぼうり

❹ 食欲 / 好奇心 **旺盛な**人

❺ **淫らな** 言葉 / 行為 / 描写

⑥ **淫乱な** 人 / 生活

❼ **妖艶な** 表情 / 仕草
  しぐさ

❽ **艶のある** 肌 / 髪

❾ **爽快な** 気分 / 喉越し

❿ **完璧**主義者

Ⅱ. 次の表現を比較し、＿＿＿の言葉の意味と読み方を覚えなさい。

❶ **俺**とお前　　君と僕

❷ **淫行**条例　　未成年**淫行**
  じょうれい

③ **妖怪**　幽霊　お化け
  ば

❹ **妖しい**目付きで客を誘惑する踊り子　　怪しい目付きでコンビニの店内を歩き回る客

❺ 整った**容貌**　　**容貌**が醜い

❻ **爽やかな** 天気 / 気分　　笑顔の**爽やかな**青年

Ⅲ. ＿＿＿の言葉の読み方を書きなさい。

❶ **傲慢な**社長の下には優秀な人材は集まらない。
  じんざい

❷ 最近は、褒められても**謙遜**しない人が増えてきた。

③ 職人の世界では、弟子が師匠に対して**不遜な**態度を取ることは許されない。

④ あの人のピアノ演奏は、プロと比べても**遜色がない**。

⑤ 新首相は反発を恐れず<u>辣腕</u>を振るい、腐敗した政府の改革を進めた。

❻ 虐殺事件の現場（げんば）に到着した警官は、あまりにも<u>凄惨</u>な光景に言葉を失った。

❼ 私の友人は図書館に通いつめ、**貪欲に**知識を吸収した。

❽ 子供の頃は、大好きなマンガを毎日**貪る**ように読んでいた。

❾ 先進国の経済は、新興国（しんこうこく）の**旺盛な**需要によって支えられている。

❿ 木の廊下は、毎日きちんと雑巾がけをすると少しずつ**艶**が出てくる。

⓫ 静かに舞台に登場したバレリーナは森の**妖精**のような美しさだった。

⓬ 上海（シャンハイ）は、わずかな期間で伝統的な街から現代都市へと<u>変貌</u>した。

⓭ 警察の徹底的な捜査により、事件の<u>全貌</u>が明らかになった。

⓮ ベートーベンは苦難（くなん）に立ち向かい、音楽の歓喜（かんき）を**真摯に**追求した。

⓯ 晴れた日に山の頂上に立ち、広い空を眺めると、気分**爽快で**ある。

⓰ 森鴎外（もりおうがい）は、夏目漱石（なつめそうせき）と双璧をなす明治の文学者である。

⓱ 小学校でお世話になった山田先生に**憧れ**、私は教師を志すようになった。

⓲ 古代世界への**憧憬**が原動力（げんどうりょく）となり、考古学の世界にのめり込んだ。

⓳ 山田先生は全生徒の**憧れ**の的だった。

妖怪
ようかい

妖怪絵巻（国際日本文化研究センター）

幽霊
ゆうれい

怪物画本（幽霊）
（国際日本文化研究センター）

お化け
ばけ

唐傘おばけ
（子どもと動物のイラスト
屋さん／わたなべふみ）

## 第 153 回

| 拭 | 貼 | 捉 | 冶 | 詣 | 遡 | 塡 | 頓 | 氾 | 勃 | 捗 | 采 |
|---|---|---|---|---|---|---|---|---|---|---|---|
| 2078 | 2079 | 2080 | 2081 | 2082 | 2083 | 2084 | 2085 | 2086 | 2087 | 2088 | 2089 |

Ⅰ. 次の表現を勉強し、＿＿＿＿の言葉の意味と読み方を覚えなさい。

❶ 涙を<u>拭う</u>

❷ 瓶にラベルを<u>貼る</u>

❸ 印紙を<u>貼付</u>する
いんし

❹ レーダーが機影を<u>捕捉</u>する
きえい

❺ 人格を<u>陶冶</u>する

❻ <u>元旦</u>に<u>初詣</u>に行く

❼ 川を<u>遡る</u>

❽ 豪雨で河川が<u>氾濫</u>する

❾ 紛争が<u>勃発</u>する

❿ ベンチャー企業が次々と<u>勃興</u>する

⓫ <u>進捗</u>状況の報告

⓬ 拍手<u>喝采</u>を浴びる

Ⅱ. 次の表現を比較し、＿＿＿＿の言葉の意味と読み方を覚えなさい。

❶ 払う　　<u>拭く</u>　　<u>拭う</u>

❷ <u>貼る</u>　　<u>貼付</u>する　　添付する
てん

❸ 犯人 / 泥棒 / 熊 を<u>捕らえる</u>
　　要点 / 趣旨 / 真意 / チャンス / 好機 / 動き を<u>捉える</u>
　　　　　　しんい　　　　こうき
　　実態 / 情勢 / 現状 / 敵兵 を<u>捕捉</u>する
　　　　　　　　　　てきへい

❹ 整理　　<u>整頓</u>　　(後)片付け

❺ <u>無頓着</u>　　無関心　　無神経　　鈍感

❻ <u>頓挫</u>　　挫折　　行き詰まり　　中断
　　　　　　　　　　　　　　　　ちゅうだん

❼ <u>進捗</u>　　進歩　　進展
てん

Ⅲ. ＿＿＿＿の言葉の読み方を書きなさい。

❶ 不安や雑念をすべて<u>払拭</u>できたら、悟りへの道が開けるのだろうか。
　　　　ざつねん

② 「しくじるなよ。お前の<u>尻拭い</u>をさせられるのは、いつもこの俺なんだからな。」

❸ 社長の操り人形という、ありがたくないレッテルを<u>貼られて困っ</u>た。

❹ 文書に画像を**貼り**付けて見やすく配置した。
ぶんしょ　がぞう　　　　　　　　　　　　　はいち

❺ 所定の枠内に顔写真を**貼付**のうえ提出すること。
しょてい

❻ あらゆる機会を**捉えて**自分を売り込み、出世を狙った。
しゅっせ

❼ 敵の動静を**捕捉**すべく、日夜、情報収集に努めている。
どうせい　　　　　　　にちや

❽ 夏休みを自己**陶冶**の機会となすよう心掛けて過ごしなさい。
こころが

❾ 日本刀を鍛え上げる刀**鍛冶**は、伝統的な「ものづくり」職人だ。

❿ 工学がご専門の山川先生は、美術史にも**造詣が深く**ていらっしゃる。

⑪ 神社や寺に**詣でる**行為は、観光や娯楽も兼ねている場合が多い。

⑫ 刑法の新規定を過去に**遡及**して適用することはできない。

⑬ 証券の取引で生じた顧客の損失を証券会社が埋め合わせる、いわゆる「損失**補塡**」は、法律で
しょう　　こきゃく
禁止されている。

⑭ 服装に**無頓着**な弟は、いつも似たようなシャツばかり着ている。

⑮ インターネット上には青少年に悪影響を及ぼす情報が**氾濫**している。

⑯ Ａ：課長。ここはひとつ、課長にぜひ**采配**を振るっていただきたいと思いますが。
　　Ｂ：え、俺でいいの……。よしっ、任せとけ。

⑰ **風采**が上がらない男だが、ああ見えても、やるときはやるそうだ。

125

| 羨 | 嫉 | 妬 | 惧 | 弄 | 嘲 | 蔑 | 叱 |
|------|------|------|------|------|------|------|------|
| 2090 | 2091 | 2092 | 2093 | 2094 | 2095 | 2096 | 2097 |
| 罵 | 呪 | 怨 | 臆 | 諦 | 羞 | 鬱 | |
| 2098 | 2099 | 2100 | 2101 | 2102 | 2103 | 2104 | |

Ⅰ. 次の表現を勉強し、＿＿＿＿の言葉の意味と読み方を覚えなさい。

① お金持ちの友人を羨む

❷ 友人の成功を妬む

❸ 詭弁を弄する
き べん

④ 国民 / 宗教 を愚弄する

❺ 他人の失敗を嘲笑する

❻ 先生に叱られる

❼ 上司から叱責を受ける

❽ 憎い相手を呪う

Ⅱ. 次の表現を比較し、＿＿＿＿の言葉の意味と読み方を覚えなさい。

❶ 嫉妬心　　嫉妬深い

❷ 尊敬　⟷　軽蔑

③ 女性蔑視　　職業蔑視

❹ 怒る　　怒る　　叱る　　諭す
　　　いか　　おこ

❺ 怨念　　怨霊　　呪い

❻ 怨念 / 怨み を抱く　　怨念 / 怨み を晴らす

❼ 諦めかける　　諦め気味

❽ 羞恥心が欠落している　　羞恥心を捨てる　　羞恥心に欠ける
　　　　　　けつらく

⑨ 鬱　　鬱病　　▲躁鬱病　　鬱状態
　　　　　　　　　　そう

Ⅲ. ＿＿＿＿の言葉の読み方を書きなさい。

❶ 子供の頃、私は体が弱く、一日中外で楽しそうにスポーツをしている友達が羨ましかった。

❷ 父親が逆立ちをしてみせると、子供たちは羨望のまなざしで見つめた。
　　　　さか だ

❸ 年齢も学歴もそれほど変わらない友人が、次から次へと出世していくのを見て、嫉妬に駆られた。
　　　　　　　　　　　　　　　　　　　　　　　　　　　　　　　しゅっせ　　　　　　　　　か

④ ゴリラやチンパンジーはどこの動物園でもよく見かけるが、実は絶滅が**危惧**されている動物である。

⑤ 彼女は数奇な運命に**弄ばれ**、ついには離婚した夫と共同で会社を設立することになった。
すうき

⑥ 彼の強引なやり方に**翻弄**され、冷静な判断ができなかった。

⑦ 自分のことならともかく、親友が**愚弄**されるのは許し難い。

⑧ スケートリンクで私がやっと歩けるようになったら、彼はすぐ横でそれを**嘲る**ようにスピンを決めた。

⑨ 何社受けても内定が得られない彼は、「面接試験回数の新記録を作ろうと思っているんだ」と、**自嘲**気味に笑った。
ないてい

⑩ 小学生の頃、「貧乏な人はみな努力が足りなかったんだ」と言った友人は、クラスのみんなから**軽蔑**されてしまった。

⑪ 人は往々にして自分よりも力の劣った相手を**蔑み**、それによって自分の力に自信を持つということをしがちである。

⑫ クチャクチャ音を立てて食事をするな、口を閉じて食べろと、子供の頃よく**叱られた**。

⑬ 隣の部屋から、二人の**罵り**合う声が聞こえた。あまりに激しかったので、警察に通報することにした。
つうほう

⑭ 連続殺人の容疑者が警察から姿を現すと、人々はみな一斉に**罵声**を浴びせかけた。

⑮ ひどい言葉で相手に**罵倒**されても、彼は下を向き、じっと無言で耐え続けた。
むごん

⑯ ツタンカーメンの**呪い**の話は、実はでっち上げだったとも言われている。

⑰ 「開け、ごま」と**呪文**を唱えると、重い扉が静かに開いた。
ひら

⑱ 毎日8時間は寝なければ健康を害するという**呪縛**に捕らわれて、不眠症になってしまった。
と

⑲ 物取りによる犯行か、それとも**怨恨**によるものかを特定することが、その殺人事件捜査の当面の課題となった。
とくてい とうめん

⑳ 度重なる失敗で彼はすっかり**臆病に**なってしまい、何かに挑戦するということをしなくなった。
たびかさ

㉑ その男は被害者の夫ではあるが、多くの不審な点が報道され、実は彼が犯行を計画したのではないかとの**臆測**を呼んだ。

㉒ 周りの人が自分より日本語が上手だと思っても、決して臆することなく積極的に日本語を使い続けることが必要だ。

㉓ 彼は何もしなかったのに、人から誰がリーダーかと質問され、「私です」と臆面もなく答えた。

❷❹ 「うまく行かないことがあっても、決して諦めてはいけません。続けていけば、いつの日か必ず夢は叶います。」
　　　　　　　　　　　　　　　　　　　　　　　　　　　　　　　　　　　　かな

❷❺ 体のどこに羞恥心を感じるかは、文化によって異なることも多く、興味は尽きない。

❷❻ 日本の鬱病患者数は 100 万人を超えているそうだ。

❷❼ 大学を卒業して 1 年たつが、まだ就職先は見つからない。景気はますます悪くなっていると聞くと、本当に憂鬱になる。

# 第 155 回

| 須 | 汎 | 曖 | 昧 | 瞭 | 緻 | 刹 | 那 |
|------|------|------|------|------|------|------|------|
| 2105 | 2106 | 2107 | 2108 | 2109 | 2110 | 2111 | 2112 |
| 恣 | 僅 | 苛 | 慄 | 畏 | 萎 | 塞 | |
| 2113 | 2114 | 2115 | 2116 | 2117 | 2118 | 2119 | |

Ⅰ. 次の表現を勉強し、_____の言葉の意味と読み方を覚えなさい。

① 必須の要素

❷ 汎用性がある

❸ 曖昧な 答え / 態度 / 記憶

❹ 明瞭に 区別する / 認識する / 記憶する

⑤ 精緻な 細工 / 模様 / 装飾

⑥ 刹那的な行動

⑦ 沖縄県那覇市

❽ 僅かな / の 時間

❾ 戦慄が走る

❿ 耳を塞ぐ

⑪ 開いた口が塞がらない

Ⅱ. 次の表現を比較し、_____の言葉の意味と読み方を覚えなさい。

❶ 特注品　　汎用品
とくちゅうひん

② 汎神論　　多神教
　　　　　　た

③ 読書三昧　　▲贅沢三昧
　　　　　　ぜいたく

❹ 要塞　　▲砦
　　　　とりで

Ⅲ. _____の言葉の読み方を書きなさい。

❶ 専門知識や資格を持っていることが、キャリアアップの必須条件だ。

❷ その会社は高度な特殊技術を汎用化し、多くの製品を生み出した。

③ 時間とお金があったら、クルーズで世界一周し、おいしいものを食べ、▲贅沢三昧の旅行をする。
　　　　　　　　　　　　　　　　　　　　　　　　　　　　　　　　ぜいたく

④ この高級そうな腕時計が偽物であることは、一目瞭然だ。

❺ NASAはスペースシャトル打ち上げを成功させるために、緻密な計画を立てた。

❻ 誰かに呼ばれたような気がして振り向いた。その**刹那**、弾丸が耳をかすめた。

❼ 「椿姫」のヴィオレッタは華やかな社交界で**刹那的**に生きていたが、アルフレードとの出会いによって、そうした生活を改めた。

❽ その法律は**恣意的な**解釈がいくらでもできる。

❾ 遺体発見の知らせは、関係者の**僅かな**希望を打ち砕いた。

❿ 400メートルリレーで、日本は0秒02の**僅差**で銀メダルに甘んじた。

⓫ 百姓は年貢の**苛酷な**取り立てに耐えきれず、一揆を起こした。

⓬ 彼は部下のミスの多さに**苛立ち**を隠せなかった。

⓭ 研究者たちはウイルスの感染力の強さに**慄然**とした。

⓮ 優れた統治者である王を、民はあがめ、**畏怖**した。

⓯ 我々は偉大な先人に**畏敬**の念を抱かなければならない。

⓰ 豊かさをもたらす一方で、すべてを破壊する力を持つ自然を、人間は**畏れて**きた。

⓱ 水泳大会で金メダリストと隣り合わせになり**萎縮**した。

⓲ 病気になると気持ちまで**萎える**。

⓳ 国民は、新しい首相が社会の**閉塞感**を打破することを期待している。

⓴ 弟は失恋で**塞ぎ込み**、部屋から出てこない。

# 第 156 回

| 曽 | 戚 | 冥 | 侶 | 訃 | 諧 | 楷 | 伎 | 唄 |
|---|---|---|---|---|---|---|---|---|
| 2120 | 2121 | 2122 | 2123 | 2124 | 2125 | 2126 | 2127 | 2128 |

| 瑠 | 璃 | 稽 | 喩 | 彙 | 錦 | 睦 | 戴 |
|---|---|---|---|---|---|---|---|
| 2129 | 2130 | 2131 | 2132 | 2133 | 2134 | 2135 | 2136 |

Ⅰ. 次の表現を勉強し、＿＿＿の言葉の意味と読み方を覚えなさい。

❶ 未曽有の 災害 / 大惨事
だいさん じ

❷ 親戚付き合い

❸ 親睦 を深める / 図る

❹ 親睦会

❺ 結構な 物 / 品 を頂戴する
けっこう

Ⅱ. 次の表現を比較し、＿＿＿の言葉の意味と読み方を覚えなさい。

❶ 曽祖父　　曽祖母　　　曽孫

❷ 親戚　　親類　　親族　　姻戚
ぞく

❸ 和歌　　俳諧　　連歌　　俳句　　川柳
れん が

❹ 楷書　　行書　　草書
ぎょう　　そう

❺ 歌舞伎　　（人形）浄瑠璃　　文楽
ぶんらく

❻ 稽古場　　（お）稽古事　　寒稽古
ば　　　　　　　ごと　　　かん

❼ 稽古（を）する　　稽古をつける

Ⅲ. ＿＿＿の言葉の読み方を書きなさい。

❶ あの政治家の曽祖父は、歴史上有名な人物だ。

❷ かつて、お正月には親戚の家を訪問する習慣があった。

③ 戦国時代の有力な大名たちは、子女を互いに嫁がせることにより姻戚関係を結んだ。

❹「この度の震災で亡くなられた方々のご冥福をお祈りいたします。」

❺「ハムレット」の舞台に立てるなんて、役者冥利に尽きる。

❻ タイでは、黄色い衣を着た僧侶を町でよく見かける。

❼ 大臣の**訃報**が届いたのは、その日の早朝であった。

❽ 役所に提出する書類は、**楷書**で丁寧に書いた方がよい。

❾ **歌舞伎**で演奏される**長唄**は、17世紀以降に江戸で発展した。

❿ **長唄**や**小唄**のような伝統芸能を**稽古**する人が減っている。
　　　　　　　　　　　　げいのう

⑪ 敬語をたくさん使いすぎると、かえって**滑稽に**聞こえることがある。

⑫ 宇宙に都市をつくるなんて、**荒唐無稽**な話だ。

⑬ 花は美しさの**比喩**としてよく使われる。

⑭ 文章をたくさん読めば、**語彙**が豊かになる。

⑮ オリンピックで金メダルを取り、故郷に**錦を飾った**。

⑯ 自由貿易推進という**錦の御旗**が掲げられ、大幅な規制緩和が次々と行われた。

⑰ 学生同士の**親睦**を深めるため、交流会が企画された。
　　　　　　　　　　　　　　　こうりゅうかい

⑱ Ａ：もう一つ、いかがですか。
　　Ｂ：あ、いえ、もう十分**頂戴しました**。

⑲ ダヴィッド作の「ナポレオンの**戴冠式**」という作品は、ルーヴル美術館の中でも人気がある。

KANJI IN CONTEXT [Revised Edition]　Workbook Vol. 2
A Study System for Intermediate and Advanced Learners
中・上級学習者のための漢字と語彙［改訂新版］

2013年12月5日　初版発行
2021年3月5日　　第4刷発行

編　者　アメリカ・カナダ大学連合日本研究センター
　　　　Ⓒ Inter-University Center for Japanese Language Studies, 2013
発行者　伊藤秀樹
発行所　株式会社 ジャパンタイムズ出版
　　　　〒102-0082 東京都千代田区一番町2-2　一番町第二TGビル 2F
　　　　電話（050）3646-9500（出版営業部）
　　　　ウェブサイト　https://jtpublishing.co.jp/
印刷所　日経印刷株式会社

本書の内容に関するお問い合わせは、上記ウェブサイトまたは書面でお受けいたします。
定価は表紙に表示してあります。
万一、乱丁落丁のある場合は、送料当社負担でお取り替えいたします。
㈱ジャパンタイムズ出版営業部あてにお送りください。

Printed in Japan　ISBN978-4-7890-1531-8

# KANJI

## IN CONTEXT

### [Revised Edition]

A STUDY SYSTEM FOR INTERMEDIATE AND ADVANCED LEARNERS

## WORKBOOK Vol. 2

中・上級
学習者の
ための
漢字と語彙
［改訂新版］

別冊解答

the japan times PUBLISHING

## 第４水準

### 第95回

Ⅰ. ❶丘（おか）❷司会（しかい）③品詞（ひんし）❹訂正（ていせい）⑤改訂（かいてい）❻譲る（ゆず）❼譲渡（じょうと）⑧購入（こうにゅう）

Ⅱ. ❶１匹（いっぴき）２匹（にひき）３匹（さんびき）②上司（じょうし）③司法（しほう）④譲歩（じょうほ）譲歩（じょうほ）譲歩（じょうほ）❺購読（こうどく）購読料（こうどくりょう）

Ⅲ. ❶戻る（もど）お戻り（もど）②後戻り（あともど）❸砂丘（さきゅう）❹匹敵（ひってき）❺歌詞（かし）❻告訴（こくそ）⑦親譲りの（おやゆず）⑧購買力（こうばいりょく）

> 訴える（うった） 起訴（きそ） 訴訟（そしょう） 告訴（こくそ） 告訴（こくそ） 勝訴（しょうそ） 敗訴（はいそ） 差し戻す（さもど）

### 第96回

Ⅰ. ❶法廷（ほうてい）②対処（たいしょ）③処女（しょじょ）④準拠（じゅんきょ）❺派遣（はけん）❻派遣（はけん）❼返還（へんかん）⑧生還（せいかん）⑨還元（かんげん）❿遂行（すいこう）⑪自殺未遂（じさつみすい）⑫墜落（ついらく）⑬撃墜（げきつい）⑭失墜（しっつい）⑮慎重に（しんちょう）⑯慎む（つつし）

Ⅱ. ❶法廷（ほうてい）開廷（かいてい）出廷（しゅってい）②宮廷（きゅうてい）宮廷（きゅうてい）宮廷（きゅうてい）宮廷（きゅうてい）③証拠（しょうこ）根拠（こんきょ）④仮名遣い（かなづか）仮名遣い（かなづか）仮名遣い（かなづか）

Ⅲ. ❶法廷（ほうてい）❷宮廷（きゅうてい）③対処（たいしょ）④処女（しょじょ）❺証拠（しょうこ）❻拠点（きょてん）❼小遣い（こづか）❽言葉遣い（ことばづか）❾返還（へんかん）❿逐語訳（ちくごやく）⑪逐一（ちくいち）⑫逐次（ちくじ）対処（たいしょ）⑬やり遂げる（と）⑭後悔（こうかい）⑮悔やんで（く）悔しい（くや）

> 対処（たいしょ） 処理（しょり） 処理（しょり） 処分（しょぶん） 処分（しょぶん） 処置（しょち）

### 第97回

Ⅰ. ①条項（じょうこう）②要項（ようこう）❸寄贈（きぞう）❹賢明な（けんめい）❺堅い（かた）❻臨む（のぞ）⑦語幹（ごかん）❽幹（かん）

Ⅱ. ❶頻繁に（ひんぱん）頻発（ひんぱつ）頻出（ひんしゅつ）頻度（ひんど）❷事項（じこう）事項（じこう）事項（じこう）❸販売（はんばい）自動販売機（じどうはんばいき）市販（しはん）販路（はんろ）❹賄賂（わいろ）贈賄（ぞうわい）収賄（しゅうわい）贈収賄事件（ぞうしゅうわいじけん）❺堅い（かた）堅固な（けんご）堅実な（けんじつ）堅持（けんじ）❻中堅企業（ちゅうけんきぎょう）❼臨時（りんじ）臨時国会（りんじこっかい）臨時（りんじ）❽幹部（かんぶ）幹部（かんぶ）⑨新幹線（しんかんせん）新幹線（しんかんせん）新幹線（しんかんせん）新幹線（しんかんせん）❿幹事長（かんじちょう）

Ⅲ. ❶事項（じこう）②項目（こうもく）❸贈り物（おくもの）贈った（おく）④贈与税（ぞうよぜい）❺贈答品（ぞうとうひん）❻賄う（まかな）❼賢くて（かし）❽臨時の（りんじ）⑨臨終（りんじゅう）⑩根幹（こんかん）

### 第98回

Ⅰ. ①投稿（とうこう）❷稼ぐ（かせ）❸穏やかな（おだ）❹平穏な（へいおん）⑤安穏な（あんのん）❻隠す（かく）❼隠れる（かく）❽間隔（かんかく）⑨隔離（かくり）❿隅（すみ）⑪偶発的な（ぐうはつてき）⑫偶像（ぐうぞう）

Ⅱ. ❶原稿（げんこう）原稿（げんこう）草稿（そうこう）❷稲（いね）稲作（いなさく）❸金融（きんゆう）金融機関（きんゆうきかん）融資（ゆうし）融通（ゆうずう）❹邸宅（ていたく）私邸（してい）公邸（こうてい）首相官邸（しゅしょうかんてい）⑤隅田川（すみだがわ）⑥偶数（ぐうすう）

Ⅲ. ①稼ぎ（かせ）❷稼働（かどう）③穏和な（おんわ）❹隠居（いんきょ）❺隔てて（へだ）❻融通がきく（ゆうずう）❼融合（ゆうごう）❽核融合（かくゆうごう）❾偶然（ぐうぜん）⑩配偶者（はいぐうしゃ）

1

# 第99回

I. ❶ 偉大な ❷ 風俗 ❸ 侵略 ④ 侵害 ❺ 侵す ❻ 伺う ❼ 伺う ❽ 伸びる ⑨ 伸ばす ⑩ 屈伸 ⓫ 模倣 ⓬ 開催

II. ❶ 僕 ❷ 偉人 偉人 ❸ 風俗 俗語 民俗学 ④ 伸びる ❺ 伸びる ❻ 主催 主催者 ❼ 催す 催眠術 ❽ 負債 国債 社債 債券 債権者 債務者

III. ❶ 偉い ❷ 風俗 ❸ 侵入 ④ 侵攻 ❺ 追伸 ❻ 例に倣って ❼ 催し物 ❽ 負債 ⑨ 国債 ⑩ 合併 ⓫ 併用 ⓬ 併用 ⓭ 併発 ⓮ 併せて

# 第100回

I. ① 宙返り ② 抽出 ③ 抽出 ❹ 拍手 拍手 ❺ 拍子 ❻ 摘出 ❼ 摘発 ❽ 摘む ❾ 握手 ⑩ 探る ⓫ 探求 ⓬ 探知機 ⓭ 埋もれた 発掘 ⓮ 埋立地 ⓯ 埋葬

II. ❶ 首都圏 北極圏 南極圏 共産圏 ❷ 抽象的な ❸ 握る 握手 握力 ④ 探す ❺ 掘る 発掘 採掘

III. ❶ 宇宙 大気圏 ❷ 抽出 ❸ 抽選 ❹ 拍車 ❺ 拍子 ❻ 指摘 ❼ 摘発 ❽ 茶摘み ❾ 堀 内堀 外堀 堀 外堀 埋められて ⑩ 埋没

# 第101回

I. ① 排気ガス ② 排日運動 ③ 開拓者 ❹ 抑制 ❺ 抑圧 ❻ 抑える ❼ 誘拐 ⑧ 挑発的な ⑨ 前兆 ⑩ 兆し ⓫ 応援 ⓬ 声援 ⓭ 緩和

II. ① 抑止力 抑止力 ❷ 撮影 撮影所 撮る ❸ 挑戦 挑む ④ 一兆円

III. ① 排水 ❷ 排他的な ❸ 開拓 ④ 干拓 ❺ 抑制 ❻ 抑止力 ❼ 扱って ⑧ 取り扱い ⑨ 取扱注意 ⑩ 挑戦者 挑発 挑発 ⓫ 挑戦者 挑んだ ⓬ 援助 ⓭ 応援 ⓮ 援軍 ⓯ 後援会 ⓰ 規制緩和

緩やかな 緩い 緩める

# 第102回

I. ❶ 家畜 ② 充電 ❸ 充実した ④ 充満 ⑤ 充足 ⑥ 充血 ⑦ 拡充 ⑧ 豪遊 ⑨ 豪勢な ⑩ 昇進 ⓫ 昇格

II. ❶ 牧場 牧草 放牧 遊牧 ② 牧師 ③ 牧畜業 ④ 玄米 ❺ 玄人 ⑥ 豪州 ❼ 盲人 盲目の ❽ 帽子 帽子 ⑨ 上昇 ⑩ 昇る

III. ❶ 大丈夫 ② 丈夫な ❸ 充実した ④ 充てて ❺ 玄関 ❻ 豪雨 ❼ 盲点 ⑧ 上昇 ⑨ 昇給

# 第103回

I. ① 舌戦 ② 弁舌 ③ 含有量

II. ❶ 化粧 化粧品 化粧室 ❷ 臭い 悪臭 ❸ 鼻 鼻血 ④ 耳鼻科 ❺ 休憩 休憩時間 憩い ❻ 舌 舌打ち ❼ 毒舌 毒舌 ❽ 君 ⑨ 君主 ⑩ 君臨

Ⅲ. ❶曇り ②曇って ❸曇天 ❹食糧 ❺砂糖 糖分 ❻臭う ❼憩う ❽舌戦 ❾立憲
君主制 ❿含まれて ⑪含めて ⑫含蓄

## 第104回

Ⅰ. ❶真紅の ❷口紅 ❸繊維

Ⅱ. ❶叫ぶ 叫び声 絶叫 ②奇数 ❸長崎 宮崎 ❹ドーバー海峡 海峡 ❺紅茶 ❻繊維
繊維工業 合成繊維 化学繊維 ❼繊細な 繊細な ❽維持 維持費 ❾紳士 紳士服
❿縦の ⑪縦線 ⑫縦断

Ⅲ. ❶叫んで ❷奇妙な ③好奇心 ❹紅葉 ❺紅葉 ❻国境紛争 ⑦内紛 ❽紛失 紛れ
❾紛れた ❿紛らす ⑪紛らわしい

## 第105回

Ⅰ. ①探索 ②折り畳み式 ❸畳む ❹翼 ❺軌道 ❻軌道 ❼掲載 ❽柔らかい

Ⅱ. ❶索引 索引 ❷累計 ③累積赤字 累積債務 ❹畳 六畳 八畳 ❺右翼 左翼 ❻裸
婦 裸体画 ❼軟らかい 硬い ❽軟弱な 強硬な ❾軟化 硬化 ❿柔道

Ⅲ. ①思索 ❷畳 ❸裸 ❹掲載 ❺積載 載せる ❻硬貨 ❼軟弱な 強硬な 硬化 柔軟
に ❽硬度 ❾柔らかくて 軟骨

## 第106回

Ⅰ. ①署名 ❷罰する ③体罰 ❹典型的な ❺削減 ❻削除

Ⅱ. ❶炊く 炊飯器 炊事 ②自炊 ③円盤 円盤 円盤 ❹盆地 盆地 ❺警察署 消防署
税務署 ❻罰 罰する 罰金 ⑦大型 中型 小型 ❽刺す 刺される 刺さる ❾削る
削る

Ⅲ. ❶炊事 ②1,000冊 ③別冊 ④分冊 ❺基盤 ❻地盤 ⑦円盤 ❽終盤戦 ❾お盆
❿お盆 ⑪煮たり 刺し身 ⑫煮えて ⑬罰が当たる ⑭型 ⑮原型 ⑯類型的 ⑰名刺
⑱風刺 ⑲刺激 ⑳刺激

## 第107回

Ⅰ. ①垂線 ②兼 ③長寿 ④階級闘争

Ⅱ. ❶垂直 ❷中華料理 中華思想 ③中華人民共和国 中華民国 ❹華道 ❺戦闘 戦闘機
❻妊娠 妊婦

Ⅲ. ❶過剰な ❷過剰 ③余剰人員 ④剰余金 ❺雨垂れ ❻垂らして ❼華やかな ❽兼任
❾兼ねる ❿嫌う ⑪嫌いで 嫌悪感 ⑫好き嫌い 機嫌 ⑬好き嫌い 嫌な ⑭尋ねた
⑮尋問 ⑯寿命 ⑰長寿 ⑱春闘 ⑲娯楽 ⑳人工妊娠中絶

3

## 第108回

I. ①威厳(いげん) ②威力(いりょく) ❸警戒(けいかい) ④厳戒態勢(げんかいたいせい) ⑤十戒(じっかい) ⑥戒律(かいりつ) ⑦銅像(どうぞう)

II. ❶釣り(つり) 釣る(つる) ❷鈴(すず) ❸鈴(すず) 鈴虫(すずむし) 風鈴(ふうりん) 呼び鈴(よびりん) ❹鉄鋼(てっこう) 鉄鋼業(てっこうぎょう) ❺鎖(くさり) 連鎖反応(れんさはんのう) 閉鎖(へいさ) 封鎖(ふうさ) ❻鎖国(さこく) ❼鉛筆(えんぴつ) 鉛筆(えんぴつ) 鉛(なまり) ❽銅(どう) 鉛(なまり) ❾銅メダル(どう)

III. ❶威信(いしん) 妥協(だきょう) ②妥当な(だとう) 示威行動(じいこうどう) 妥結(だけつ) ❸権威(けんい) ④威張って(いば) ❺戒め(いまし) ❻釣り合い(つりあ)
⑦お釣り(つり) ⑧鈴虫(すずむし) ⑨鈴木(すずき) ⑩連鎖反応(れんさはんのう)

## 第109回

I. ❶肺(はい) 肺病(はいびょう) ❷大胆な(だいたん) ❸肌(はだ) ❹飢える(う) ❺飼う(か)

II. ❶腕(うで) 腕時計(うでどけい) 腕力(わんりょく) ❷飢える(う) 飢えて(う) 餓死(がし) ❸飼育(しいく) 飼料(しりょう)

III. ❶胴(どう) ②胴体(どうたい) ③胴上げ(どうあ) ④腕(うで) ⑤腕力(わんりょく) ⑥手腕(しゅわん) ⑦肺(はい) ⑧落胆(らくたん) ⑨肌(はだ) ⑩肌着(はだぎ) 肌(はだ)
⑪肌寒く(はださむ) ⑫地肌(じはだ) ⑬飢餓(きが) ⑭飼い主(かいぬし) ⑮飼育(しいく) ⑯趣旨(しゅし) ⑰要旨(ようし) ⑱論旨(ろんし) ⑲旨(むね) ⑳脂
肪(ぼう) ㉑脂(あぶら) ㉒脂っこい(あぶら) 胴回り(どうまわ)

## 第110回

I. ❶肥料(ひりょう) ②肥大化(ひだいか) ❸脈(みゃく) ④脈(みゃく) ⑤文脈(ぶんみゃく) ⑥山脈(さんみゃく) ❼膨大な(ぼうだい) ⑧膨らます(ふく) ❾彫刻(ちょうこく)
⑩木彫り(きぼり) ⑪髪の毛(かみのけ) ⑫白髪の(はくはつ) ⑬珍しい(めずら) ⑭珍味(ちんみ)

II. ❶肥料(ひりょう) ❷肥料(ひりょう) 肥料(ひりょう) 肥やし(こ) ❸脈(みゃく) 動脈(どうみゃく) 静脈(じょうみゃく) 不整脈(ふせいみゃく) ❹枯れる(か) 枯れ葉(かれは) 枯れ木(かれき)
❺杉(すぎ) 杉並木(すぎなみき) 杉並区(すぎなみく) ❻彫る(ほ) 彫る(ほ)

III. ①肥満(ひまん) ②人脈(じんみゃく) ③膨張(ぼうちょう) ④膨らんで(ふく) ⑤選択肢(せんたくし) ⑥四肢(しし) ⑦杉(すぎ) ⑧彫金(ちょうきん) ⑨浮き彫り(うぼ)
⑩白髪(しらが) ⑪珍品(ちんぴん) ⑫珍客(ちんきゃく)

## 第111回

I. ❶診察(しんさつ) 診察 ②往診(おうしん) ③回避(かいひ) ❹避ける(さ) ❺恥(はじ) ❻恥じる(は) ❼患者(かんじゃ) 診る(み) ⑧患部(かんぶ)
⑨無菌の(むきん) ❿服装(ふくそう) ⑪服装(ふくそう) ⑫装置(そうち) ⑬装置(そうち) ⑭分裂(ぶんれつ) ⑮破裂(はれつ) ⑯決裂(けつれつ) ⑰裂く(さ)

II. ❶診察(しんさつ) 診断(しんだん) 検診(けんしん) ②不眠症(ふみんしょう) 自閉症(じへいしょう) 症候群(しょうこうぐん) ❸患者(かんじゃ) ❹菌(きん) 菌(きん) 細菌(さいきん) 細菌(さいきん) ❺武装(ぶそう)
武装(ぶそう) ❻裂ける(さ) 裂け目(さめ)

III. ①打診(だしん) ❷治療(ちりょう) ③医療費(いりょうひ) ④診療所(しんりょうじょ) ⑤療養(りょうよう) ❻症状(しょうじょう) ❼癖(くせ) ❽潔癖な(けっぺき) ❾避難(ひなん)
⑩避妊(ひにん) ⑪不可避で(ふかひ) ⑫恥ずかしい(は) ⑬恥(はじ) ⑭恥じらった(は) ⑮患う(わずら) ⑯殺菌(さっきん) ⑰別荘(べっそう)
⑱変装(へんそう) ⑲装飾(そうしょく) ⑳衣装(いしょう) ㉑装った(よそお)

## 第112回

I. ❶鈍い(にぶ) ❷鋭い(するど) ❸鋭利な(えいり) ④最新鋭の(さいしんえい) ❺克服(こくふく) ❻克明に(こくめい) ⑦復旧工事(ふっきゅうこうじ) ❽丁寧な(ていねい)
❾寛容な(かんよう) ⑩寛大な(かんだい)

II. ❶鈍感な(どんかん) ❷育児(いくじ) ③児童(じどう) ④小児科(しょうにか) ⑤旧約聖書(きゅうやくせいしょ) ⑥旧式の(きゅうしき)

III. ①鈍って(にぶ) ❷鋭い(するど) ③鋭気(えいき) ④産児制限(さんじせいげん) ⑤新旧(しんきゅう) ⑥遠慮(えんりょ) 遠慮(えんりょ) ⑦考慮(こうりょ) ⑧配慮(はいりょ)
❾寂しく(さび) ⑩寂れた(さび) ⑪寂(さび) ⑫静寂(せいじゃく)

## 第113回

Ⅰ. ❶ 孤立 ❷ 触る ❸ 触れる ④ 感触 ⑤ 抵触 ❻ 踊る ⑦ 暗躍 ⑧ 飛躍 ⑨ 躍動 ❿ 焦点 ⓫ 駐車場 ⑫ 衝撃 ⑬ 緩衝地帯 ⑭ 斜面

Ⅱ. ① 孤島 孤児 孤児 ② 焦げる 焦がす ③ 駐日大使 ④ 悪循環 悪循環 ⑤ 血液循環 循環器 ❻ 衝突 衝突 ⑦ 征服 征服者 ⑧ 徐々に ⑨ 斜めに 斜線

Ⅲ. ① 孤独な ❷ 孤立 ❸ 孤立 ④ 触らせ ⑤ 触れないで ❻ 触れなかった ⑦ 接触 ⑧ 感触 ⑨ 日本舞踊 ⑩ 活躍 ⑪ 躍進 躍り出た ⑫ 焦点 ⑬ 焦らず ⑭ 衝突 ⑮ 衝撃 ⑯ 衝動的に ⑰ 折衝 ⑱ 征服 ⑲ 徐行

## 第114回

Ⅰ. ❶ 滑り ❷ 滑らかに ③ 滑走 ④ 滑走路 ❺ 円滑に ❻ 潜在的な ⑦ 潜在的な ❽ 渇く ⑨ 枯渇 ⑩ 渇水 ⑪ 渇望 ⑫ 光沢 ⑬ 光沢 ⑭ 津波 ⑮ 浪費 ⑯ 渋 ⑰ 渋滞 ⑱ 淡路島 ⑲ 冷淡な ⑳ 滞納

Ⅱ. ① 潜水 潜水夫 潜水 ❷ 潜る 潜む 潜入 ❸ 金沢 沢田 毛沢東 ④ 洪水 ⑤ みそ汁 汁 果汁 ❻ 渋谷 ⑦ 渋い 淡い ⑧ 淡泊な ⑨ 淡水

Ⅲ. ① 潜水 ❷ 沢 ③ 浪人 ❹ 渋い ⑤ 渋る ❻ 苦渋 ⑦ 渋面 ❽ 冷淡に ⑨ 濃淡 ⑩ 滞在 ⑪ 沈滞 ⑫ 滞って

## 第115回

Ⅰ. ❶ 履歴書 ② 履行 ❸ 履く ④ 強奪 ⑤ 奪回 ⑥ 争奪戦 ⑦ 獲得 ⑧ 漁獲高

Ⅱ. ❶ 肯定 ② 漁獲高 収穫高 ❸ 収穫 収穫高 収穫期 ④ 猫 山猫

Ⅲ. ❶ 肯定 ❷ 肯定 ❸ 年齢 ④ 高齢者 高齢化社会 ❺ 草履 履く 履いて ❻ 興奮 ⑦ 奮起 ⑧ 奮い立たせ ⑨ 奪い ⑩ 略奪 乱獲 捕獲 ⑫ 獲物 ⑬ 収穫期 猫

## 第116回

Ⅰ. ❶ 推薦状 ❷ 廃止 ③ 退廃的な ④ 風邪 ⑤ 邪魔な ⑥ 魔法 ⑦ 魅力的な

Ⅱ. ❶ 推薦 薦める ② 庶務課 ❸ 麻薬 大麻 ④ 擦り傷 ⑤ 悪魔 魔術 魔法 魔法 ⑥ 酸性 ⑦ 酸素

Ⅲ. ❶ 推薦者 推薦状 ② 廃人 ❸ 廃れて ④ 庶民 ⑤ 庶民的な ❻ 摩擦 ⑦ 摩擦 ⑧ 麻 擦れて ⑨ 邪魔 ⑩ 邪魔 ⑪ 邪道 ⑫ 邪教 ⑬ 魅力 ⑭ 酸性雨 ⑮ 酸化 ⑯ 酸っぱい

5

## 第117回

Ⅰ. ❶ 潜伏期間 ❷ 伐採 ❸ 偽物 ❹ 傍聴 ❺ 僧 ❻ 示唆 ❼ 五重の塔 ❽ 花壇

Ⅱ. ❶ 偽物 ❷ 恐喝

Ⅲ. ❶ うつ伏せになって ② 伏線 ❸ 伴って 壇上 ❹ 同伴 ❺ 俊才 ❻ 倹約 ❼ 土俵 ❽ 米 俵 1俵 ❾ 年俸 ❿ 偽名 偽って ⓫ 傍ら ⓬ 傑作 ⓭ 吐く ⓮ 吐き気 ⓯ 吐血 ⓰ 唆された ⓱ 証人喚問 ⓲ 喚声 ⓳ 感嘆 ⓴ 嘆いて ㉑ 嘆かわしい ㉒ 委嘱 ㉓ 塀 ㉔ 土壇場

## 第118回

Ⅰ. ❶ 欠如 ❷ 婚姻届 ❸ 壮大な ❹ 貿易不均衡 ❺ 悦楽 ❻ 愛惜の情 ❼ 恐慌

Ⅱ. ❶ 帆 帆 ❷ 帆船 帆走 出帆 ❸ 弦 ❹ 直径 半径 ❺ 均衡 均衡 ❻ 悼む ❼ 追悼式

Ⅲ. ❶ 如実に ❷ 岐路に立たされた ❸ 弧 ❹ 均衡 ❺ 怪しい ❻ 怪談 怪談 ❼ 怖い 怖い 恐怖 ❽ 恨んで ❾ 悔恨 ❿ 悟り ⓫ 覚悟 ⓬ 惜しんだ ⓭ 惜しい ⓮ 負け惜しみ ⓯ 悲 惨な 惨めな ⓰ 愉快な ⓱ 慌てて ⓲ 慌ただしい ⓳ 惰性

## 第119回

Ⅰ. ❶ 懐中電灯 ② 懐古趣味 ❸ 把握 ❹ 披露宴 ❺ 拘束 ❻ 稚拙な ❼ 抹消 ❽ 挟撃 ❾ 措置 ❿ 掛ける ⓫ 据える

Ⅱ. ❶ 拷問 拷問 ❷ 捜査 捜索 ❸ 捜す ❹ 控室

Ⅲ. ❶ 憎しみ 愛憎 ❷ 懐かしんで 感慨 ③ 懐 懐 懐 ❹ 遺憾に思います ❺ 抄訳 ❻ 拙 い ❼ 拙い ❽ 包括的な ❾ 挟んで ❿ 捜して ⓫ 挿入 ⓬ 挿絵 ⓭ 扶養家族 控除 ⓮ 目が据わって

| 憎い | 憎む | 憎らしい | 憎む | 懐かしい | 懐かしむ |
|---|---|---|---|---|---|
| にく | にく | にく | にく | なつか | なつ |

## 第120回

Ⅰ. ❶ 揚げる ❷ 摂取 ❸ 搭乗券 ❹ 操る ⑤ 携わる ❻ 分泌 ⑦ 煮沸 ❽ 浄化 ❾ 絶滅

Ⅱ. ❶ 操縦 操作 ❷ 携帯電話 ❸ 運搬 搬入 搬出 ❹ 相撲 相撲 ❺ 擁護 ❻ 汽船 汽車 ⑦ 泥棒 ❽ 沸かす 沸く ❾ 浸水 浸水 ❿ 溝 排水溝 下水溝

Ⅲ. ❶ 意気揚々 ❷ 搾取 ❸ 搾り ❹ 操作 ❺ 操り人形 ❻ 携えて ❼ 打撲傷 ❽ 雲泥の差 ❾ 沸点 ❿ 水浸しになった 泥 ⓫ 生涯 ⓬ 渦 ⓭ 渦巻き ⓮ 渦中の人 ⓯ 滅ぼされた

| 撤回 | 撤去 | 撤退 | 撤退 |
|---|---|---|---|
| てっかい | てっきょ | てったい | てったい |

## 第121回

I. ① 水溶液（すいようえき） ② 滴（しずく） ③ 滴る（したた） ④ 漆（うるし） ⑤ 漂う（ただよ） ⑥ 潤い（うるお） ⑦ 潤んで（うる） ⑧ 濁流（だくりゅう） ⑨ 熱狂的な（ねっきょうてき）
⑩ 狩猟（しゅりょう） ⑪ 勇猛な（ゆうもう） ⑫ 阻止（そし） ⑬ 附属（ふぞく）

II. ① 溶ける（と）　溶ける（と） ② 漏る（も）　漏れる（も）　漏れる（も）　漏らす（も） ③ 漏電（ろうでん） ④ 漆器（しっき） ⑤ 潤沢な（じゅんたく）　湿潤な（しつじゅん）
⑥ 濁る（にご）　澄む（す） ⑦ 狂う（くる）　狂う（くる） ⑧ 狩り（か）　ぶどう狩り（が）　（いちご）狩り（が） ⑨ 猟師（りょうし）　猟犬（りょうけん） ⑩ 猶
予（ゆうよ） ⑪ 地獄（じごく）

III. ① 溶岩（ようがん） ② 雨漏り（あまも） ③ 漏る（も） ④ 漸次（ぜんじ） ⑤ 水滴（すいてき） ⑥ 漬物（つけもの）　漬け（つ） ⑦ 漂白（ひょうはく） ⑧ 風潮（ふうちょう） ⑨ 潮（しお）
⑩ 潮風（しおかぜ） ⑪ 潤滑油（じゅんかつゆ） ⑫ 潤った（うるお） ⑬ 濫伐（らんばつ） ⑭ 阻んで（はば）

## 第122回

I. ① 陥る（おちい） ② 陥れる（おとしい） ③ 陳列（ちんれつ） ④ 旋律（せんりつ） ⑤ 素朴な（そぼく） ⑥ 栓抜き（せんぬ）　栓（せん） ⑦ 棚上げにする（たなあ） ⑧ 投
書欄（しょらん） ⑨ 養殖（ようしょく）

II. ① 陛下（へいか）　陛下（へいか）　陛下（へいか） ② 欠陥（けっかん）　欠陥（けっかん） ③ 報道陣（ほうどうじん） ④ 東側陣営（ひがしがわじんえい） ⑤ 陰気な（いんき） ⑥ 陶器（とうき） ⑦ 国旗（こっき）
校旗（こうき）　旗（はた） ⑧ 中枢（ちゅうすう）　中枢神経系（ちゅうすうしんけいけい） ⑨ 病棟（びょうとう）　病棟（びょうとう） ⑩ 出棺（しゅっかん） ⑪ 将棋（しょうぎ） ⑫ 棚（たな）　戸棚（とだな） ⑬ 浴槽（よくそう）
水槽（すいそう） ⑭ 殉職（じゅんしょく）　殉教（じゅんきょう）　殉教者（じゅんきょうしゃ）　殉死（じゅんし）

III. ① 陣頭（じんとう） ② 陳謝（ちんしゃ） ③ 陳情（ちんじょう） ④ 日陰（ひかげ） ⑤ 陰って（かげ） ⑥ 旗色（はたいろ） ⑦ 桟橋（さんばし） ⑧ ３棟（さんむね） ⑨ 殖やそう（ふ）

## 第123回

I. ① 不祥事（ふしょうじ） ② 脚（あし） ③ 行脚（あんぎゃ） ④ 高騰（こうとう）　暴騰（ぼうとう） ⑤ 眺望（ちょうぼう） ⑥ 眺め（なが） ⑦ 矯正（きょうせい） ⑧ 砕く（くだ） ⑨ 粉砕（ふんさい）
⑩ 襟（えり） ⑪ 胸襟を開いて（きょうきんひら） ⑫ 褐色の（かっしょく） ⑬ 粒（つぶ） ⑭ 粘り強く（ねばづよ） ⑮ 粗筋（あらすじ）

II. ① 脚本（きゃくほん）　脚本（きゃくほん） ② 膜（まく） ③ 沸騰（ふっとう） ④ 硫酸（りゅうさん）　硝酸（しょうさん） ⑤ 暗礁（あんしょう）　岩礁（がんしょう） ⑥ 小麦粉（こむぎこ）　粉雪（こなゆき）　粉（こな） ⑦ 粉
末（ふんまつ） ⑧ 粘土（ねんど） ⑨ 粗大ゴミ（そだい）　粗末な（そまつ） ⑩ 粒（つぶ）　粗い（あら）　粒（つぶ）

III. ① 班（はん）　班（はん）　班長（はんちょう） ② 発祥の地（はっしょうち） ③ 清祥（せいしょう） ④ 禍根（かこん） ⑤ 胎児（たいじ） ⑥ 脚光（きゃっこう） ⑦ 沸騰（ふっとう） ⑧ 硫黄（いおう）
⑨ 暗礁（あんしょう） ⑩ 名称（めいしょう） ⑪ 称賛（しょうさん） ⑫ 粘着テープ（ねんちゃく） ⑬ 粒子（りゅうし）　粗い（あら）

## 第124回

I. ① 紛糾（ふんきゅう） ② 紺（こん） ③ 紡ぐ（つむ） ④ 絞める（し） ⑤ 大綱（たいこう） ⑥ 綱領（こうりょう） ⑦ 束縛（そくばく） ⑧ 縛る（しば） ⑨ 経緯（けいい） ⑩ 繕う（つくろ）
⑪ 詐称（さしょう） ⑫ 詰める（つ） ⑬ 缶詰（かんづめ） ⑭ 詰問（きつもん） ⑮ 教諭（きょうゆ）

II. ① 紡績業（ぼうせきぎょう） ② 絞る（しぼ）　絞る（しぼ） ③ 絞殺（こうさつ）　絞首刑（こうしゅけい） ④ 網（あみ）　網戸（あみど） ⑤ 通信網（つうしんもう） ⑥ 縄（なわ）　綱（つな） ⑦ 緯度（いど）
北緯（ほくい）　南緯（なんい） ⑧ 修繕（しゅうぜん） ⑨ 詰まる（つ）　詰まる（つ） ⑩ 行き詰まる（いづ）　行き詰まる（いづ）

III. ① 波紋（はもん） ② 横綱（よこづな） ③ 沖縄（おきなわ） ④ 北緯（ほくい） ⑤ 裁縫（さいほう）　縫って（ぬ） ⑥ 船舶（せんぱく） ⑦ 託す（たく） ⑧ 信託銀行（しんたくぎんこう）
⑨ 見詰めて（みつ） ⑩ 該当（がいとう） ⑪ 承諾（しょうだく） ⑫ 受諾（じゅだく） ⑬ 快諾（かいだく） ⑭ 諭す（さと） ⑮ 諮問機関（しもんきかん） ⑯ 諮る（はか）

## 第125回

I. ① 謙譲の美徳（けんじょうびとく） ② 楽譜（がくふ） ③ 足跡（あしあと） ④ 遺跡（いせき） ⑤ 酵素（こうそ） ⑥ 銘柄（めいがら）

II. ① 海賊（かいぞく）　賊（ぞく）　賊（ぞく）　賊（ぞく） ② 跳躍（ちょうやく） ③ 軸（じく）　地軸（ちじく）　車軸（しゃじく） ④ 酪農（らくのう）　酪農（らくのう）　酪農（らくのう） ⑤ 残酷な（ざんこく）　冷酷な（れいこく）
⑥ 銃（じゅう）　銃弾（じゅうだん）　銃声（じゅうせい） ⑦ 感銘を受ける（かんめいう）

Ⅲ. ❶ 謹賀新年 謹んで ❷ 天賦の才 ❸ 跳んだり 跳ねたり ❹ 実践 ❺ 管轄 ❻ 晩酌 ❼ 事情を酌んで 情状酌量 ❽ 酢 酢酸 ❾ 報酬 ❿ 植木鉢 ⓫ 銭湯 ⓬ 金銭の授受 ⓭ 小銭 ⓮ 銃 銃刀法 ⓯ 感銘を受けた

## 第126回

Ⅰ. ❶ 鋳造 ❷ 精錬所 ❸ 錯覚 ❹ 試行錯誤 ❺ 手錠 ❻ 鎮圧 ❼ 鎮まる ❽ 鑑賞 ⑨ 鑑定 ❿ 弾劾 ⓫ 勧誘 ⓬ 却下 ⓭ 売却 ⓮ 叙事詩 ⓯ 表彰

Ⅱ. ❶ 教会の鐘 ❷ 稲刈り 芝刈り 芝刈り機 ❸ 勧める 勧める ❹ 表彰 表彰式 表彰状

Ⅲ. ❶ 鋳物 鋳型 ② 錬金術 ❸ 心身の鍛錬 ❹ 試行錯誤 ❺ 警鐘 ❻ 鑑み ❼ 解剖 ❽ 無駄な ❾ 先駆者 ❿ 四輪駆動 ⓫ 鍛えて 駆け ⓬ 駆けて ⓭ 駆り立てられる ⓮ 剛健 ⓯ 叙述 ⓰ 叙事詩 叙情詩 ⓱ 耐久性 ⓲ 耐える ⓳ 多彩な ⓴ 彩られて

## 第127回

Ⅰ. ❶ 勇敢に ❷ 定款 ❸ 朗読 ❹ 細胞 ❺ 噴水 ❻ 噴火 ❼ 批准 ❽ 唯物史観 ❾ 英雄 ❿ 雌雄 ⓫ 培養液 培養

Ⅱ. ❶ 邦画 ② 連邦政府 ❸ 詐欺 詐欺 詐欺 ❹ 殻 貝殻 ❺ 穀物 ❻ 泡 泡立つ ❼ 砲撃 大砲 鉄砲 ❽ 雄 雌 ❾ 雄牛 雌牛

Ⅲ. ❶ 欺く ❷ 殴られ 殴り ❸ 殴打 ❹ 地殻変動 ❺ 朗らかな ❻ 発泡スチロール ❼ 飽きて ❽ 飽きっぽい ❾ 飽和状態 ❿ 噴き出し ⓫ 憤慨 憤り ⓬ 唯一の ⓭ 優雅な ⓮ 培われた

## 第128回

Ⅰ. ❶ 煩雑な ❷ 醸し出す ❸ 放棄 ④ 廃棄 ❺ 棄却

Ⅱ. ❶ 頑固な 頑丈な ❷ 顕微鏡 ③ 産業廃棄物 核廃棄物 ❹ 校舎 官舎 宿舎 ❺ 田舎 ❻ 傘 傘 ❼ 冠 冠 ❽ 寡占市場

Ⅲ. ❶ 陪席 ❷ 賠償金 ❸ 頂上 頂 ④ 頑張る 頑張り ❺ 頑固で ❻ 頒布 ❼ 煩わしく 煩雑だ ❽ 顕微鏡 ❾ 顧問 ❿ 顧みない ⓫ お嬢さん ⓬ 土壌 ⓭ 醸造酒 ⓮ 料亭 ⓯ 放棄 ⓰ 田舎 ⓱ 傘下 ⓲ 冠詞 ⓳ 贈呈 ⓴ 露呈 ㉑ 適宜 便宜 ㉒ 宰相

## 第129回

Ⅰ. ① 審議 ❷ 貴賓室 ❸ 崩壊 ❹ 荒れる ❺ 荒廃 ❻ 敬慕 ❼ 冒された ❽ 是正 ❾ 罷免 ❿ 蛍 ⓫ 車掌 ⓬ 伴奏 ⓭ 奏でる

Ⅱ. ❶ 審判 主審 副審 ❷ 崇拝 偶像崇拝 ❸ 窒息 窒息 ❹ 蛍光灯

Ⅲ. ① 不審な ❷ 山崩れ ❸ 崇拝 ❹ 芳香 ❺ 芳しくなかった ❻ 荒れて ❼ お菓子 ❽ 慕われて ❾ 冒険 冒険 ❿ 羅列 ⓫ 網羅 ⓬ 窃盗 ⓭ 窒素 ⓮ 窮屈な ⓯ 窮屈だった ⓰ 窮まって ⓱ 社会奉仕 ⓲ 演奏 ⓳ 安泰な

## 第130回

Ⅰ. ❶ 箇条書き ❷ 名簿 ❸ 覆す ❹ 霊 ⑤ 霊感 ❻ 霜 初霜 ❼ 霜害 ❽ 塗る

Ⅱ. ❶ 笛 口笛 汽笛 警笛 ❷ 笛 汽笛 ❸ 覇権 覇権 ❹ 零細企業 ⑤ 霊 死霊 悪霊 御
霊 ❻ 一塁 塁 塁 塁 塁 ❼ 塗料 塗料 ❽ 墨 墨絵 墨汁 ❾ 怠慢 怠惰な 怠け者
❿ 愁い 愁い

Ⅲ. ❶ 危篤だ ❷ 覆われて ❸ 転覆 ④ 霊長類 ⑤ 拝啓 ⑥ 自己啓発 ❼ 召集 ⑧ 召集令状
❾ お召し上がり ❿ 堕落 ⓫ 妄想 ⓬ 忌避 ⓭ 忌まわしい ⓮ 怠け者 ⓯ 怠って ⓰ 悠々
と ⓱ 愁傷

## 第131回

Ⅰ. ❶ 慰める ② 架け橋 ❸ 脅迫 脅し ❹ 猛烈な ⑤ 猛烈に ❻ 勲章 ❼ 薫製 ❽ 一貫性
❾ 意匠権 ❿ 匿名で ⓫ 閑静な

Ⅱ. ❶ 十字架 書架 架ける ❷ 香水 香り ❸ 紫外線 ❹ 誓約書 ⑤ 名誉 名誉 ❻ 囚人
死刑囚 ❼ 西暦 ❽ 西暦 太陽暦 太陰暦 新暦 旧暦 暦

Ⅲ. ❶ 愚かな ❷ 愚問 ❸ 慰謝料 ④ 懲役 ⑤ 懲戒免職 ❻ 懲りた ❼ 十字架 ❽ 暫定的な
❾ 脅威 ❿ 脅かされる ⓫ 最高殊勲選手 ⓬ 薫る ⓭ 紫外線 ⓮ 紫 ⓯ 誓った ⓰ 名誉
名誉 ⓱ 誉れ ⓲ 貫かれて ⓳ 検閲

## 第132回

Ⅰ. ❶ 尾 ❷ 高層ビル ❸ 唐突な ④ 唐草模様 ⑤ 豆腐 ❻ 腐る ❼ 磨く ❽ 扇風機 ❾ 扇
動 ❿ 扉 ⓫ 門扉 ⓬ 疾走 ⓭ 愚痴

Ⅱ. ❶ 尼 尼寺 尼僧 修道尼 ❷ 磨く 歯磨き ❸ 研磨 研磨 ❹ 慶事 ⑤ 扇 扇子

Ⅲ. ❶ 厄介な ② 尾根 ❸ 語尾 ❹ 糖尿病 ⑤ 力を尽くした ❻ 無尽蔵 ❼ 中庸 ❽ 癒着 腐
敗 清廉潔白な ❾ 腐敗 ❿ 歯磨き 研磨 ⓫ 疫病 ⓬ 疫病神 ⓭ 下痢 腐って ⓮ 愚痴
⓯ 治癒 ⓰ 癒やされる ⓱ 虐殺 ⓲ 虐待 ⓳ 残虐な ⓴ 虐げられて

## 第133回

Ⅰ. ① 虚偽の ❷ 巡礼 ❸ 迅速に ❹ 透き通る ⑤ 逸する ❻ 遮断 ⑦ 遮断機 ❽ 塊 ❾ 醜
い ❿ 媒体

Ⅱ. ❶ 謙虚な ② お巡りさん 巡査 巡査 ❸ 透明の 透明 透明 透明 ❹ 遭難 遭う ⑤ 遵
守 遵法精神 ❻ 鬼 鬼ごっこ 鬼才 ❼ 某国 某所 某氏 某ホテル

Ⅲ. ❶ 虚空 ❷ 皮膚 ❸ 巡り歩く ❹ 迅速に ⑤ 更迭 ❻ 逝去 ❼ 逝く ❽ 逸話 ❾ 遮って
❿ 団塊の世代 ⓫ 霊魂 ⓬ 魂 ⓭ 醜聞 ⓮ 甚大な ⓯ 甚だしい ⓰ 勘 ⓱ 勘違い ⓲ 堪
える ⓳ 媒酌人

9

## 第134回

I. ❶陰謀（いんぼう） 首謀者（しゅぼうしゃ） ②無謀な（むぼう） ❸謀る（はか） ④双方向の（そうほうこう） ❺貞操（ていそう） ❻偵察（ていさつ） ❼朱色（しゅいろ） ❽朱肉（しゅにく） ❾真珠（しんじゅ） ⑩享受（きょうじゅ） ⑪外郭団体（がいかくだんたい） ⑫忍耐（にんたい） ⑬残忍な（ざんにん） ⑭忍ぶ（しの） ⑮慈悲（じひ） ⑯慈善事業（じぜんじぎょう）

II. ❶叔父（おじ） 叔母（おば） ②卑屈な（ひくつ） ❸卑劣な（ひれつ） ④卑しい（いや） ❺石碑（せきひ） 記念碑（きねんひ） 碑文（ひぶん） ❻享楽主義（きょうらくしゅぎ） ❼かみそりの刃（は） 刃物（はもの） ❽忍び足（しのあし） 声を忍ばせて（こえ・しの） ❾磁石（じしゃく） 磁気（じき） ⑩磁器（じき） 陶磁器（とうじき） ⑪慈しみ（いつく） ⑫洗剤（せんざい） 洗剤（せんざい） 洗剤（せんざい） ⑬錠剤（じょうざい）

III. ❶又は（また） 又（また） ②双方（そうほう） ❸双子（ふたご） ④淑女（しゅくじょ） ❺数珠（じゅず） ❻輪郭（りんかく） ❼自刃（じじん） ❽滋養強壮（じようきょうそう） ❾一斉に（いっせい）

## 第135回

I. ❶消耗（しょうもう） ②恒例（こうれい） ❸巧妙な（こうみょう） ④不朽の名作（ふきゅう・めいさく） ❺朽ちる（く） ❻揺らぐ（ゆ） ❼動揺（どうよう） ❽随行（ずいこう） ❾屈辱（くつじょく） ⑩辱め（はずかし） ⑪弊害（へいがい） ⑫開墾（かいこん） ⑬懇ろに（ねんご）

II. ❶農耕（のうこう） ②童謡（どうよう） 民謡（みんよう） 歌謡曲（かようきょく） 謡（うたい） ❸擬人法（ぎじんほう） 擬声語（ぎせいご） 擬態語（ぎたいご） ④随筆（ずいひつ） ❺骨髄（こつずい） 脳髄（のうずい） 延髄（えんずい） 骨髄（こつずい） ❻唇（くちびる） 口唇（こうしん） ❼紙幣（しへい） 貨幣（かへい） 造幣局（ぞうへいきょく） ❽弊社（へいしゃ） ❾敏感な（びんかん） 敏速に（びんそく） 機敏な（きびん） 鋭敏な（えいびん）

III. ❶書斎（しょさい） ②耕して（たがや） 耕作（こうさく） 耕地（こうち） ❸心神耗弱（しんしんこうじゃく） ④石垣（いしがき） ❺恒常的に（こうじょうてき） ❻恒久の（こうきゅう） ❼技巧（ぎこう） ❽巧みに（たく） ❾老朽化（ろうきゅうか） ⑩揺れる（ゆ） 揺りかご（ゆ） ⑪凝視（ぎょうし） ⑫凝って（こ） 凝った（こ） ⑬目を凝らし（め・こ） ⑭模擬テスト（もぎ） ⑮随時（ずいじ） ⑯追随（ついずい） ⑰懇親会（こんしんかい）

## 第136回

I. ❶哀れな（あわ） ②衰弱（すいじゃく） ❸衰退（すいたい） ④衰える（おとろ） ❺折衷案（せっちゅうあん） ❻喪失（そうしつ） ❼肖像画（しょうぞうが） ❽丹念に（たんねん） ❾幻滅（げんめつ） ⑩弔う（とむら） ⑪甲板（かんぱん） ⑫排斥（はいせき）

II. ❶侮辱（ぶじょく） 侮辱（ぶじょく） ②原子炉（げんしろ） 暖炉（だんろ） 溶鉱炉（ようこうろ） ❸炎（ほのお） 炎（ほのお） ④喪服（もふく） 喪主（もしゅ） 喪中（もちゅう） ❺結晶（けっしょう） 結晶（けっしょう） ❻水晶（すいしょう） 水晶（すいしょう） ❼合唱（がっしょう） 合唱（がっしょう） ❽高尚な（こうしょう） 高尚な（こうしょう） ❾凶悪な（きょうあく） 凶暴な（きょうぼう） 凶器（きょうき） ⑩幻覚（げんかく） 幻（まぼろし） ⑪弔辞（ちょうじ） 弔電（ちょうでん） 弔問（ちょうもん） ⑫手の甲（こう） ⑬亜熱帯（あねったい）

III. ❶侮られる（あなど） ②炎天下（えんてんか） ❸哀れみ（あわ） ④悲哀（ひあい） ❺記憶喪失（きおくそうしつ） ❻唱えた（とな） ❼時期尚早（じきしょうそう） ❽凶作（きょうさく） ❾幻想（げんそう） ⑩幻滅（げんめつ） ⑪奔走（ほんそう） ⑫自由奔放（じゆうほんぽう） ⑬幽霊（ゆうれい） 幽霊（ゆうれい）

## 第137回

I. ❶栽培（さいばい） ②執筆（しっぴつ） ❸執る（と） ④疎い（うと） ❺鼓動（こどう） ❻憂慮（ゆうりょ） ❼一喜一憂（いっきいちゆう） ❽老舗（しにせ） ❾華麗な（かれい） ⑩麗しい（うるわ）

II. ❶花瓶（かびん） ビール瓶（びん） ②執行（しっこう） 執行猶予（しっこうゆうよ） ❸太鼓（たいこ） 鼓（つづみ） ④碁（ご） 囲碁（いご） 碁石（ごいし） 碁盤（ごばん） ❺舗装（ほそう） 舗装道路（ほそうどうろ） ❻閲覧（えつらん） 閲覧（えつらん）

III. ❶執念（しゅうねん） ②執った（と） ❸自粛（じしゅく） ④野蛮な（やばん） ❺野蛮人（やばんじん） ❻疎外（そがい） ❼疎遠になって（そえん） ❽鼓舞（こぶ） ❾憂え（うれ） ⑩憂い（うれ） ⑪物憂い（ものう） ⑫店舗（てんぽ） ⑬ご覧になりました（らん） ⑭展覧会（てんらんかい） ⑮華麗に（かれい） ⑯美辞麗句（びじれいく）

# 第6水準

## 第138回

Ⅰ. ❶ 芋 (いも) ❷ 芽が出る (め)(で) ❸ 発芽 (はつが) ④ 浅瀬 (あさせ) ⑤ 瀬戸物 (せ と もの) ⑥ 干潟 (ひ がた) ❼ 峰 (みね) ❽ 浅間連峰 (あさ ま れんぽう) ⑨ 峠 (とうげ)

Ⅱ. ❶ 菊 白菊 (きく)(しらぎく) ❷ 芋 焼き芋 里芋 (いも)(や いも)(さといも) ❸ 茎 歯茎 (くき)(はぐき/しけい) ④ 藻 海藻 (も)(かいそう) ⑤ 新潟県 (にいがたけん)

Ⅲ. ① 新芽 (しんめ) ❷ 茎 (くき) ❸ 苗 苗木 (なえ)(なえぎ) ❺ 薪 (たきぎ) ⑥ 繁茂 茂み (はん も)(しげ) ❼ 渓谷 渓流 滝 雪渓 (けいこく)(けいりゅう)(たき)(せっけい) ❽ 沼 (ぬま) ⑨ 空洞 (くうどう) ⑩ 空洞 (くうどう) ⑪ 洞穴 (どうけつ/ほらあな) ⑫ 洞察力 (どうさつりょく) ⑬ 立つ瀬がない (た)(せ) ⑭ 三浦半島 (み うらはんとう) ⑮ 津々浦々 (つ つ うらうら) ⑯ 峠を越し (とうげ)(こ) ⑰ 岬 (みさき)

## 第139回

Ⅰ. ① 樹立 (じゅりつ) ❷ 柳 (やなぎ) ❸ 湖畔 (こはん) ④ 蛇行 (だこう) ⑤ 鳥獣 (ちょうじゅう)

Ⅱ. ❶ 山岳地帯 (さんがく ち たい) ❷ 堤防 防波堤 (ていぼう)(ぼうはてい) ❸ 街路樹 果樹園 (がいろじゅ)(かじゅえん) ④ 川柳 (せんりゅう) ⑤ 桑 桑畑 (くわ)(くわばたけ) ⑥ 穂 稲穂 (ほ)(いな ほ) ⑦ 昆布 (こん ぶ) ❽ 蚊 蛇 (か)(へび) ⑨ 蛇 大蛇 蛇口 (へび)(だいじゃ)(じゃぐち) ⑩ 鳥の巣 巣箱 (とり)(す)(すばこ) ⑪ 鶏 鶏卵 (にわとり)(けいらん) ⑫ 蚕 養蚕業 (かいこ)(ようさんぎょう)

Ⅲ. ❶ 北岳 (きただけ) ❷ 堤防 (ていぼう) ❸ 暁 (あかつき) ④ 蚊 (か) ⑤ 長蛇の列 (ちょうだ)(れつ) ⑥ 堤防 蛇足 堤防 (ていぼう)(だそく)(ていぼう) ⑦ 卵巣 (らんそう) ❽ 病巣 (びょうそう) ⑨ 鶏卵 (けいらん) ⑩ 犬猿の仲 (けんえん)(なか) ⑪ 養蚕業 (ようさんぎょう) ⑫ 竜 (りゅう/たつ) ⑬ 竜巻 (たつまき)

> 猿 (さる) 獣 (けもの) 猛獣 (もうじゅう) 野獣 (や じゅう) 昆虫 (こんちゅう) 類人猿 (るいじんえん)

## 第140回

Ⅰ. ❶ 奴隷 (どれい) ❷ 騎手 (き しゅ) ③ 王侯貴族 (おうこう き ぞく) ④ 伯仲 (はくちゅう) ⑤ 仁義 (じんぎ) ⑥ 仁王 (に おう) ❼ 仙人 (せんにん) ❽ 嗣子 (し し) ⑨ 古墳 (こ ふん) ⑩ 塚 (つか)

Ⅱ. ❶ 姫 姫 姫 (ひめ)(ひめ)(ひめ) ❷ 王妃 (おうひ) ③ 妃殿下 (ひ でん か) ④ 皇后 皇后 (こうごう)(こうごう) ⑤ 騎士 (き し) ⑥ 騎馬民族 (き ば みんぞく) ❼ 侯爵 (こうしゃく) ❽ 侍医 (じ い) 侍従 (じ じゅう) ⑨ 騎士 侍 (き し)(さむらい) ⑩ 孔子 (こう し) ⑪ 大尉 (たい い) ⑫ 陵墓 陵 (りょう ぼ)(みささぎ) ⑬ 藩 (はん)

Ⅲ. ❶ 嫡子 (ちゃくし) ② 皇太后 (こうたいごう) ③ 爵位 (しゃくい) ④ 伯父 伯母 (おじ)(おば) ⑤ 画伯 (が はく) ⑥ 官吏 (かんり) ❼ 捕虜 (ほりょ) ❽ 陵墓 陵墓 (りょうぼ)(りょうぼ) ⑨ 鐘楼 (しょうろう) ⑩ 楼閣 (ろうかく) ⑪ 貝塚 貝塚 (かいづか)(かいづか) ⑫ 藩 藩 (はん)(はん)

## 第141回

Ⅰ. ❶ 軍艦 (ぐんかん) ❷ 総帥 (そうすい) ❸ 戯曲 (ぎ きょく) ④ 戯れる (たわむ) ⑤ 戯れ (たわむ) ⑥ 韻 (いん) ⑦ 韻律 (いんりつ) ❽ 詠む (よ) ⑨ 琴 (こと)

Ⅱ. ❶ 儒教 儒学 儒学者 (じゅきょう)(じゅがく)(じゅがくしゃ) ② 租税 租税 (そぜい)(そぜい) ③ 恩賜 恩賜 (おんし)(おんし) ④ 老婆 産婆 お婆さん (ろうば)(さんば)(ばあ) ⑤ 韻文 (いんぶん) ⑥ 琴 木琴 (こと)(もっきん)

Ⅲ. ❶ 儒教 儒学 (じゅきょう)(じゅがく) ❷ 軍艦 (ぐんかん) ③ 艦隊 (かんたい) ④ 勅語 (ちょくご) ⑤ 変遷 (へんせん) ⑥ 恩赦 (おんしゃ) ❼ 賜った (たまわ) ❽ 拝謁 謁見 (はいえつ)(えっけん) ⑨ 窯業 窯 (ようぎょう)(かま) ⑩ 戯作 (げさく) ⑪ 吟味 (ぎんみ) ⑫ 詠嘆の声 (えいたん)(こえ) ⑬ 心の琴線 (こころ)(きんせん) ⑭ 宵 (よい)

## 第142回

Ⅰ. ❶ 3厘 (さんりん) ❷ 駐屯地 (ちゅうとん ち) ❸ 威嚇 (い かく) ④ 隆起 (りゅうき) ⑤ 艦艇 (かんてい)

Ⅱ. ❶ 凸レンズ 凹レンズ (とつ)(おう) ❷ 1斤 1升 (いっきん)(いっしょう) ❸ 一升 (いっしょう) ④ 北斗七星 (ほく と しちせい) ⑤ 凹凸 凸凹 (おうとつ)(でこぼこ) ⑥ 呉服 呉 服店 呉服 (ご ふく)(ご ふくてん)(ご ふく)

11

Ⅲ. ❶乙（おつ）　丙（へい）　❷甲乙（こうおつ）つけがたい　❸乙女（おとめ）　❹壱万円（いちまんえん）　弐万円（にまんえん）　❺一坪（ひとつぼ）　❻升（ます）　❼4隻（よんせき）　❽且（か）つ　但（ただ）し　❾隆盛（りゅうせい）　❿炭坑（たんこう）　⓫競艇（きょうてい）

## 第143回

Ⅰ. ①佳人（かじん）　②詔書（しょうしょ）　❸国璽（こくじ）
Ⅱ. ❶佳作（かさく）　❷天然痘（てんねんとう）　種痘（しゅとう）　❸法曹界（ほうそうかい）　❹詔勅（しょうちょく）　詔書（しょうしょ）　詔（みことのり）　❺褒（ほ）める　❻老翁（ろうおう）　❼彫塑（ちょうそ）　塑像（そぞう）　❽可塑性（かそせい）　❾繭（まゆ）
Ⅲ. ❶天然痘（てんねんとう）　②軍曹（ぐんそう）　③恭順（きょうじゅん）　④恭（うやうや）しく　⑤褒美（ほうび）　❻戸籍謄本（こせきとうほん）　⑦朕（ちん）　⑧畝（うね）　⑨逓減（ていげん）　⑩虞（おそれ）

# 第7水準

## 第144回

Ⅰ. ❶茨（いばら）　❷岐阜県（ぎふけん）　❸奈落（ならく）　❹才媛（さいえん）　⑤畿内（きない）　❻鎌倉（かまくら）　❼弥生（やよい）　❽韓国（かんこく）
Ⅱ. ❶神奈川県（かながわけん）　奈良県（ならけん）　❷大阪府（おおさかふ）　阪神高速道路（はんしんこうそくどうろ）　❸岡山県（おかやまけん）　静岡県（しずおかけん）　福岡県（ふくおかけん）　❹愛媛県（えひめけん）　❺韓国（かんこく）　大韓民国（だいかんみんこく）
Ⅲ. ❶茨城県（いばらきけん）　栃木県（とちぎけん）　埼玉県（さいたまけん）　神奈川県（かながわけん）　❷奈落（ならく）　❸阪神高速道路（はんしんこうそくどうろ）　❹近畿（きんき）　⑤畿内（きない）　❻鎌倉（かまくら）　鎌倉（かまくら）　❼弥生（やよい）　弥生（やよい）　❽韓国（かんこく）　大韓民国（だいかんみんこく）　韓国（かんこく）

## 第145回

Ⅰ. ❶柿（かき）　❷梨（なし）　❸蜜（みつ）　❹餅（もち）　❺餌（えさ）　⑥餌付（えづ）け　❼箸（はし）　❽煎（い）る
Ⅱ. ❶（渋）柿（しぶがき）　（干し）柿（ほしがき）　❷梨（なし）　梨（なし）　❸蜜（みつ）　❹焼酎（しょうちゅう）　酎（ちゅう）ハイ　❺串（くし）　串（くし）　❻（割り）箸（わりばし）　（菜）箸（さいばし）　箸（はし）　❼丼（どん）　丼（どん）　丼（どん）　丼（どん）　❽釜（かま）　（鉄）釜（てつがま）　❾鍋物（なべもの）　鍋（なべ）　鍋（なべ）　鍋（なべ）　⓾煎茶（せんちゃ）　⓫煎（い）る
Ⅲ. ①蜜月（みつげつ）　②麺類（めんるい）　③焼（や）き餅（もち）　④煎餅（せんべい）　煎茶（せんちゃ）　⑤餌（えさ）　⑥餌食（えじき）　⑦餌食（えじき）　⑧焼酎（しょうちゅう）　⑨串刺（くしざ）し　⓾箸（はし）　二膳（にぜん）　⓫丼勘定（どんぶりかんじょう）　⓬釜（かま）　⓭後釜（あとがま）　⓮鍋物（なべもの）　⓯煎（せん）じて　⓰（社長）の肝煎（きもい）りで　⓱膳（ぜん）　⓲配膳（はいぜん）　⓳お膳立（ぜんだ）て

## 第146回

Ⅰ. ❶頬（ほお）　❷拳（こぶし）　❸爪（つめ）　❹爪先（つまさき）　❺肘（ひじ）　❻附箋（ふせん）　❼処方箋（しょほうせん）
Ⅱ. ❶顎関節（がくかんせつ）　股関節（こかんせつ）　❷拳銃（けんじゅう）　❸拳法（けんぽう）　❹臼歯（きゅうし）　❺臼（うす）　❻脱臼（だっきゅう）　捻挫（ねんざ）　❼痩（や）せる　痩（や）せて　❽便箋（びんせん）
Ⅲ. ❶眉（まゆ）　❷眉間（みけん）　❸瞳（ひとみ）　❹瞳孔（どうこう）　❺顎（あご）　❻肘（ひじ）　❼股（また）　❽大股（おおまた）　内股（うちまた）　❾世界を股（またにかけて）　⓾二股（ふたまた）　⓫膝（ひざ）　⓬膝詰（ひざづ）め談判（だんぱん）　⓭膝元（ひざもと）　⓮尻（しり）　⓯尻込（しりご）みして　⓰目尻（めじり）　⓱言葉尻（ことばじり）　⓲捻出（ねんしゅつ）　⓳処方箋（しょほうせん）

12

## 第147回

Ⅰ. ❶唾（つば） ❷喉越し（のどごし） ❸肝腎な（かんじん） ❹腫れる（は） ❺腫らした（は） ❻腫れ（は） ❼残骸（ざんがい） ❽腫瘍（しゅよう） 潰瘍（かいよう） ❾痕跡（こんせき）

Ⅱ. ❶耳鼻咽喉科（じびいんこうか） ❷腎臓（じんぞう） ❸脊椎動物（せきついどうぶつ） 脊椎動物（せきついどうぶつ） ❹涙腺（るいせん） 汗腺（かんせん） ❺腫瘍（しゅよう） 腫瘍（しゅよう） ❻潰瘍（かいよう） 潰瘍（かいよう） ❼潰れる（つぶ） 潰す（つぶ） ❽心筋梗塞（しんきんこうそく）

Ⅲ. ❶唾液（だえき） ❷眉唾物（まゆつばもの） ❸固唾をのんで（かたず） ❹喉（のど） 耳鼻咽喉科（じびいんこうか） ❺喉自慢（のどじまん） ❻喉元（のどもと） ❼肝腎だ（かんじん） ❽脊髄（せきずい） ❾涙腺（るいせん） ❿腫瘍（しゅよう） ⓫腫れ（は） ⓬死骸（しがい） ⓭形骸化（けいがいか） ⓮骸骨（がいこつ） ⓯潰瘍（かいよう） ⓰痕跡（こんせき） ⓱血痕（けっこん） ⓲爪痕（つめあと） ⓳斑点（はんてん） ⓴潰した（つぶ） ㉑潰して（つぶ） ㉒潰れて（つぶ）

## 第148回

Ⅰ. ❶鶴（つる） ❷蜂蜜（はちみつ） ❸虹（にじ） ❹湧く（わ） ❺肥沃な（ひよく）

Ⅱ. ❶鹿（しか） 虎（とら） 熊（くま） ❷鹿児島県（かごしまけん） 熊本県（くまもとけん） ❸哺乳類（ほにゅうるい） ❹鶴（つる）（千羽）鶴（せんばづる） ❺蜂（はち） 蜂蜜（はちみつ） 蜂の巣（はちのす） ❻嵐（あらし） ❼崖（がけ） 断崖絶壁（だんがいぜっぺき） ❽洞窟（どうくつ） 石窟（せっくつ） ❾葛飾区（かつしかく） ❿藍色（あいいろ） ⓫湧き水（わきみず） 湧水（ゆうすい） ⓬闇市（やみいち） 闇（やみ）

Ⅲ. ❶虎穴（こけつ） ❷哺乳類（ほにゅうるい） ❸虎（とら） 虎（とら） 牙（きば） ❹牙城（がじょう） ❺象牙（ぞうげ） ❻亀裂（きれつ） ❼鶴（つる） 亀（かめ） ❽蜂起（ほうき） ❾崖っぷち（がけ） ❿断崖（だんがい） ⓫麓（ふもと） ⓬山麓（さんろく） ⓭洞窟（どうくつ） 暗闇（くらやみ） ⓮巣窟（そうくつ） ⓯葛藤（かっとう） ⓰葛藤（かっとう） ⓱葛（くず） 藤（ふじ） ⓲堆積（たいせき） ⓳湧き（わ） ⓴闇（やみ） ㉑闇市（やみいち）

## 第149回

Ⅰ. ①語呂（ごろ） ❷裾（すそ） ❸芯（しん） ❹鍵（かぎ） ❺椅子（いす）

Ⅱ. ❶風呂（ふろ） 風呂（ふろ） ❷雑巾（ぞうきん） 布巾（ふきん） ❸雑巾（ぞうきん） 雑巾（ぞうきん） ❹袖（そで） 袖（そで） 袖（そで） 袖（そで） ❺袖（そで） 裾（すそ） ❻裾（すそ） ❼籠（かご） 籠（かご） 籠（かご） ❽蓋（ふた） 蓋（ふた） ❾頭蓋骨（ずがいこつ） ❿芯（しん） 芯（しん） 芯（しん） ⓫瓦（かわら） 瓦（かわら） ⓬瓦解（がかい） ⓭鍵（かぎ） 鍵（かぎ） ⓮鍵（かぎ） 鍵（かぎ）

Ⅲ. ❶玩具（がんぐ） ❷駒（こま） ❸風呂（ふろ）（蒸し）風呂（むぶろ） ❹語呂（ごろ） ❺袖（そで） ❻裾野（すその） ❼籠城（ろうじょう） ❽籠もり（こ） ❾火蓋が切られた（ひぶたが） ❿瓦解（がかい） ⓫鍵（かぎ） ⓬鍵（かぎ） ⓭鍵盤（けんばん） ⓮枕（まくら） ⓯柵（さく） ⓰椅子（いす） ⓱右舷（うげん）

## 第150回

Ⅰ. ❶間隙（かんげき） ❷桁（けた） ❸勾留（こうりゅう）

Ⅱ. ①表沙汰になる（おもてざた） 裁判沙汰になる（さいばんざた） ②食べ頃（ごろ） ③旦那（だんな） ❹宛先（あてさき） 宛名（あてな） ❺宛の（あて） 宛てて（あ） ❻禁錮（きんこ）

Ⅲ. ❶挨拶（あいさつ） ❷無沙汰（ぶさた） ❸音沙汰がなかった（おとさた） ❹（子供）の頃（こども・ごろ） ❺日頃（ひごろ） ❻この頃（ごろ） ❼元旦（がんたん） ❽宛先（あてさき） ❾隙間（すきま） ❿間隙（かんげき） ⓫脇（わき） ⓬脇道（わきみち） ⓭脇見運転（わきみうんてん） ⓮脇目も振らず（わきめ・ふ） ⓯橋桁（はしげた） ⓰桁（けた） 外れ（はず） ⓱毀損（きそん） 禁錮（きんこ） ⓲勾配（こうばい）

## 第151回

Ⅰ. ❶賭ける（か） ❷溺死（できし） ③綻びる（ほころ） ❹綻び（ほころ） ❺嗅覚（きゅうかく） ❻匂い（にお） 嗅ぐ（か） ⑦狙い（ねら） ❽斬る（き）

Ⅱ. ❶賭博（とばく） 賭博（とばく） ❷溺死（できし） ❸隠蔽（いんぺい） 隠蔽（いんぺい） ❹嗅覚（きゅうかく） ❺狙撃（そげき） 狙撃（そげき） 狙撃（そげき） ❻乞う（こ） ❼剥がす（は） 剥がれる（は） 剥ぐ（は） 剥げる（は）

13

Ⅲ．❶ 賭けて（か）❷ 覚醒（かくせい）❸ 溺愛（できあい）❹ 覚醒剤（かくせいざい）溺れる（おぼ）破綻（はたん）❺ 破綻（はたん）❻ 綻びる（ほころ）❼ 綻び（ほころ）❽ 失踪（しっそう）謎（なぞ）❾ 謎解き（なぞと）❿ 謎めいた（なぞ）⓫ 隠蔽（いんぺい）⓬ 遮蔽（しゃへい）⓭ 詮索（せんさく）⓮ 所詮（しょせん）⓯ 匂い（にお）⓰ 匂わせた（にお）⓱ 嗅覚（きゅうかく）⓲ 狙った（ねら）⓳ 拉致（らち）⓴ 命乞い（いのちご）㉑ 蹴って（け）㉒ 一蹴（いっしゅう）㉓ 踏んだり蹴ったり（ふ）（け）㉔ 足蹴（あしげ）にして ㉕ 剝奪（はくだつ）㉖ 斬る（き）剝がれて（は）㉗ 斬新な（ざんしん）

## 第152回

Ⅰ．❶ 辛辣な（しんらつ）❷ 凄惨な（せいさん）❸ 貪る（むさぼ）❹ 旺盛な（おうせい）❺ 淫らな（みだ）❻ 淫乱な（いんらん）❼ 妖艶な（ようえん）❽ 艶（つや）❾ 爽快な（そうかい）❿ 完璧（かんぺき）

Ⅱ．❶ 俺（おれ）❷ 淫行（いんこう）淫行（いんこう）❸ 妖怪（ようかい）❹ 妖しい（あや）❺ 容貌（ようぼう）容貌（ようぼう）❻ 爽やかな（さわ）爽やかな（さわ）

Ⅲ．❶ 傲慢な（ごうまん）❷ 謙遜（けんそん）❸ 不遜な（ふそん）❹ 遜色がない（そんしょく）❺ 辣腕（らつわん）❻ 凄惨な（せいさん）❼ 貪欲に（どんよく）❽ 貪る（むさぼ）❾ 旺盛な（おうせい）❿ 艶（つや）⓫ 妖精（ようせい）⓬ 変貌（へんぼう）⓭ 全貌（ぜんぼう）⓮ 真摯に（しんし）⓯ 爽快で（そうかい）⓰ 双璧をなす（そうへき）⓱ 憧れ（あこが）⓲ 憧憬（どうけい）⓳ 憧れ（あこが）

## 第153回

Ⅰ．❶ 拭う（ぬぐ）❷ 貼る（は）❸ 貼付（ちょうふ）❹ 捕捉（ほそく）❺ 陶冶（とうや）❻ 初詣（はつもうで）❼ 遡る（さかのぼ）❽ 氾濫（はんらん）❾ 勃発（ぼっぱつ）❿ 勃興（ぼっこう）⓫ 進捗（しんちょく）⓬ 喝采（かっさい）

Ⅱ．❶ 拭く（ふ）拭う（ぬぐ）❷ 貼る（は）貼付（ちょうふ）❸ 捉える（とら）捕捉（ほそく）❹ 整頓（せいとん）❺ 無頓着（むとんちゃく）❻ 頓挫（とんざ）❼ 進捗（しんちょく）

Ⅲ．❶ 払拭（ふっしょく）② 尻拭い（しりぬぐ）❸ 貼られて（は）❹ 貼り（は）❺ 貼付（ちょうふ）❻ 捉えて（とら）❼ 捕捉（ほそく）❽ 陶冶（とうや）❾ 鍛冶（かじ）❿ 造詣が深くて（ぞうけい）（ふか）⓫ 詣でる（もう）⓬ 遡及（そきゅう）⓭ 補塡（ほてん）⓮ 無頓着な（むとんちゃく）⓯ 氾濫（はんらん）⓰ 采配（さいはい）⓱ 風采（ふうさい）

## 第154回

Ⅰ．① 羨む（うらや）❷ 妬む（ねた）❸ 弄する（ろう）❹ 愚弄する（ぐろう）❺ 嘲笑する（ちょうしょう）❻ 叱られる（しか）❼ 叱責（しっせき）❽ 呪う（のろ）

Ⅱ．❶ 嫉妬（しっと）嫉妬深い（しっとぶか）❷ 軽蔑（けいべつ）❸ 蔑視（べっし）蔑視（べっし）❹ 叱る（しか）❺ 怨念（おんねん）怨霊（おんりょう）❻ 怨念（おんねん）怨み（うら）怨念（おんねん）怨み（うら）❼ 諦め（あきら）諦め（あきら）❽ 羞恥心（しゅうちしん）羞恥心（しゅうちしん）羞恥心（しゅうちしん）❾ 鬱（うつ）鬱（うつ）鬱（うつ）鬱（うつ）

Ⅲ．❶ 羨ましかった（うらや）❷ 羨望（せんぼう）❸ 嫉妬（しっと）❹ 危惧（きぐ）❺ 弄ばれ（もてあそ）❻ 翻弄（ほんろう）❼ 愚弄（ぐろう）❽ 嘲る（あざけ）❾ 自嘲（じちょう）❿ 軽蔑（けいべつ）⓫ 蔑み（さげす）⓬ 叱られた（しか）⓭ 罵り（ののし）⓮ 罵声（ばせい）⓯ 罵倒（ばとう）⓰ 呪い（のろ）⓱ 呪文（じゅもん）⓲ 呪縛（じゅばく）⓳ 怨恨（えんこん）⓴ 臆病に（おくびょう）㉑ 臆測（おくそく）㉒ 臆する（おく）㉓ 臆面もなく（おくめん）㉔ 諦めて（あきら）㉕ 羞恥心（しゅうちしん）㉖ 鬱（うつ）㉗ 憂鬱に（ゆううつ）

## 第155回

Ⅰ．① 必須の（ひっす）❷ 汎用性（はんようせい）❸ 曖昧な（あいまい）❹ 明瞭に（めいりょう）❺ 精緻な（せいち）❻ 刹那的な（せつなてき）❼ 那覇（なは）❽ 僅かな／の（わず）❾ 戦慄（せんりつ）❿ 塞ぐ（ふさ）⓫ 塞がらない（ふさ）

Ⅱ．❶ 汎用（はんよう）② 汎神論（はんしんろん）③ （読書）三昧（どくしょ）（ざんまい）（贅沢）三昧（ぜいたく）（ざんまい）❹ 要塞（ようさい）

Ⅲ．❶ 必須条件（ひっす）❷ 汎用（はんよう）③ （贅沢）三昧（ぜいたく）（ざんまい）❹ 一目瞭然だ（いちもくりょうぜん）❺ 緻密な（ちみつ）❻ 刹那（せつな）❼ 刹那的に（せつなてき）❽ 恣意的な（しいてき）❾ 僅かな（わず）❿ 僅差（きんさ）⓫ 苛酷な（かこく）⓬ 苛立ち（いらだ）⓭ 慄然とした（りつぜん）⓮ 畏怖（いふ）⓯ 畏敬の念（いけい）（ねん）⓰ 畏れて（おそ）⓱ 萎縮（いしゅく）⓲ 萎える（な）⓳ 閉塞感（へいそくかん）⓴ 塞ぎ込み（ふさ）（こ）

14

第156回

Ⅰ. ❶ 未曽有
みぞう
❷ 親戚
しんせき
❸ 親睦
しんぼく
❹ 親睦
しんぼく
❺ 頂戴する
ちょうだい

Ⅱ. ❶ 曽祖父
そうそふ
曽祖母
そうそぼ
曽孫
そうそん
❷ 親戚
しんせき
姻戚
いんせき
❸ 俳諧
はいかい
❹ 楷書
かいしょ
❺ 歌舞伎
かぶき
浄瑠璃
じょうるり
❻ 稽古
けいこ
稽古
けいこ
(寒)稽古
かんげいこ
❼ 稽古
けいこ
稽古
けいこ

Ⅲ. ❶ 曽祖父
そうそふ
❷ 親戚
しんせき
③ 姻戚
いんせき
❹ 冥福
めいふく
❺ 冥利に尽きる
みょうり つ
❻ 僧侶
そうりょ
❼ 訃報
ふほう
❽ 楷書
かいしょ
❾ 歌
か
舞伎
ぶき
長唄
ながうた
❿ 長唄
ながうた
小唄
こうた
稽古
けいこ
⑪ 滑稽に
こっけい
⑫ 荒唐無稽な
こうとう むけい
⑬ 比喩
ひゆ
⑭ 語彙
ごい
⑮ 錦を
にしき
飾った
かざ
⑯ 錦の御旗
にしき みはた
⑰ 親睦
しんぼく
⑱ 頂戴しました
ちょうだい
⑲ 戴冠式
たいかんしき